北京市社会科学基金项目《冬奥会背景下北京冰雪体育旅游研究》（16GLB028）研究成果

体育旅游发展研究：
理论框架和北京实践

黄　璜　著

中国财经出版传媒集团

经济科学出版社
Economic Science Press

·北京·

图书在版编目（CIP）数据

体育旅游发展研究：理论框架和北京实践/黄璜著
. --北京：经济科学出版社，2024.5
ISBN 978 - 7 - 5218 - 5950 - 8

Ⅰ.①体… Ⅱ.①黄… Ⅲ.①体育 - 旅游业发展 - 研
究 - 北京 Ⅳ.①F592.71

中国国家版本馆 CIP 数据核字（2024）第 111075 号

责任编辑：李晓杰
责任校对：王京宁
责任印制：张佳裕

体育旅游发展研究：理论框架和北京实践
TIYU LÜYOU FAZHAN YANJIU：LILUN KUANGJIA HE BEIJING SHIJIAN
黄 璜 著

经济科学出版社出版、发行 新华书店经销
社址：北京市海淀区阜成路甲 28 号 邮编：100142
教材分社电话：010 - 88191645 发行部电话：010 - 88191522
网址：www. esp. com. cn
电子邮箱：lxj8623160@ 163. com
天猫网店：经济科学出版社旗舰店
网址：http：//jjkxcbs. tmall. com
北京季蜂印刷有限公司印装
710 ×1000 16 开 12.75 印张 160000 字
2024 年 5 月第 1 版 2024 年 5 月第 1 次印刷
ISBN 978 - 7 - 5218 - 5950 - 8 定价：58.00 元
（图书出现印装问题，本社负责调换。电话：010 - 88191545）
（版权所有 侵权必究 打击盗版 举报热线：010 - 88191661
QQ：2242791300 营销中心电话：010 - 88191537
电子邮箱：dbts@esp. com. cn）

前　　言

体育旅游在全世界的发展历史源远流长，公元前776年的第一届古代奥运会就有体育旅游行为，我国古代北方少数民族将竹马滑冰作为重要的体育休闲娱乐活动，唐朝时上巳节赛龙舟形成了观者如云、万人空巷的胜景。但是，在学术界体育旅游却是一个较为新兴的研究领域，在20世纪70年代以后才逐渐获得国内外学者的关注。国内学者针对体育旅游的概念界定、类型划分和发展对策等已有一定研究积累，但关于旅游者动机、旅游行为规律和旅游影响效应等方面的研究还相对较少。

2019年我国提出了建设"体育强国"的目标，体育产业将成为我国国民经济的支柱性产业。体育旅游是体育产业最重要和最具活动的领域，在体育旅游融合的背景下具有极大的发展潜力。我国的体育旅游正在迎来黄金发展期，特别是北京市相继于2008年、2022年成功举办了夏季奥运会和冬季奥运会，作为世界上首座"双奥之城"，更是成为我国体育旅游未来发展的重要先行区域，有望建成世界体育旅游名城。

本书分为上下两篇。上篇通过对体育旅游基础理论、体育旅游产业发展特征、体育旅游发展战略思路、体育旅游发展政策建议、国外体育旅游城市案例等进行系统研究，构建了体育旅游融合发展的理论框架。下篇研究了北京建设世界体育旅游名城的发展实践，包括北京体育旅游发展的战略环境、我国居民体育旅游行为特征、北京冬季体育旅游市场特征，最后提出了促进北京体育旅游发展的重点任务。

上篇共包括五章：第一章研究了体育旅游的基础理论，包括体育和旅游的融合发展历史，以及从旅游者体验、旅游产业经济、旅游目的地发展等视角研究了体育旅游的相关理论；第二章研究了体育旅游产业发展特征，从市场需求视角研究了大众旅游时代背景下的国内体育旅游客源市场特征和旅游流动特征，从产业供给视角研究了体育旅游发展的空间载体创新、产业融合创新、智慧旅游赋能和服务质量提升；第三章遵循"问题导向"原则研究了体育旅游发展的战略思路，在分析我国体育旅游发展面临的六大制约因素基础上，提出了保障国民体育运动时间、构建全域户外运动休闲空间、建设满足居民需要的体育健身设施、开发大众化体育旅游市场、实现目的地可持续发展等促进体育旅游发展的战略路径；第四章提出了促进我国体育旅游发展的政策建议，包括增强产品体系吸引力、促进旅游产业融合、打造全域旅游空间、促进户外体育发展、壮大旅游市场主体和建设发展支持体系等六大方面；第五章以巴塞罗那、悉尼、伦敦、里约热内卢、东京等举办过奥运会的世界著名旅游城市作为典型案例，研究通过举办大型体育赛事促进体育旅游城市发展的战略、路径和政策。

本书下篇共包括四章：第六章研究了北京建设世界体育旅游名城的国家体育旅游发展战略背景，以及北京市的经济社会发展环境；第七章采用全域旅游的研究视角，以远距离体育旅游和近距离市内体育健身休闲活动为重点，研究了我国居民体育旅游的行为特征、空间分布特征和时间持续特征；第八章以北京市的冬季冰雪体育旅游者为研究对象，重点研究了冬季冰雪体育旅游者的出游动机特征和旅游行为特征，以及它们之间的互动关系及影响机制；第九章从打造体育旅游产品集群、建设体育旅游目的地、发展体育旅游产业经济和提升体育旅游知名度等四大方面，提出了北京促进体育旅游发展的重点任务。

本书在研究创作过程中获得了国家体育总局体育哲学社会科学一般项目《产业融合视角下的体育旅游发展机理与综合效应研究》

（2141SS15028）、北京市社会科学基金项目《冬奥会背景下北京冰雪体育旅游发展比较研究》（16GLB028）和北京高等学校高水平人才交叉培养"实培计划"的资助。感谢北京石油化工学院杨钟红老师、汪锦秀同学、董冷霜同学和白慧茹同学在本书的理论框架构建、调查问卷设计和旅游数据分析过程中给予的大力支持和帮助。当然，由于笔者的理论能力和写作水平有限，本书肯定还存在着诸多疏漏之处，请读者朋友们不吝赐教。

黄　璜
2024 年 5 月

目
录
contents

>   >   >   >   > ·   >

上篇　体育旅游发展的理论框架

第一章　体育旅游基础理论述评 ……………………………………… 3

　第一节　体育和旅游融合发展历史 ………………………………… 4

　第二节　体育旅游理论内涵研究 …………………………………… 7

　第三节　体育旅游者体验 …………………………………………… 12

　第四节　体育旅游产业特征 ………………………………………… 15

　第五节　体育旅游企业策略 ………………………………………… 19

　第六节　体育旅游公共政策 ………………………………………… 22

　第七节　体育赛事综合效益 ………………………………………… 24

　第八节　体育旅游目的地发展 ……………………………………… 34

第二章　体育旅游产业发展特征 ……………………………………… 38

　第一节　体育旅游市场需求特征 …………………………………… 38

第二节　体育旅游产业供给趋势 ……………………… 45

第三章　体育旅游发展战略思路 ……………………… 53

第一节　体育旅游发展制约因素 ……………………… 53

第二节　体育旅游发展战略路径 ……………………… 61

第四章　体育旅游发展政策建议 ……………………… 67

第一节　增强体育旅游吸引力 ………………………… 67

第二节　促进体育旅游产业融合 ……………………… 72

第三节　打造全域体育旅游空间 ……………………… 77

第四节　促进户外体育旅游发展 ……………………… 81

第五节　壮大体育旅游市场主体 ……………………… 87

第六节　建设体育旅游支持体系 ……………………… 92

第五章　国外体育旅游城市案例 ……………………… 95

第一节　巴塞罗那 …………………………………… 98

第二节　悉尼 ………………………………………… 103

第三节　伦敦 ………………………………………… 106

第四节　里约热内卢 ………………………………… 110

第五节　东京 ………………………………………… 113

下篇　体育旅游发展的北京实践

第六章　北京体育旅游发展战略环境 ……………… 121

第一节　国家体育旅游战略背景 ……………………… 121

第二节　北京市体育旅游发展战略 …………………… 125

第七章　我国居民体育旅游行为特征 ……………………………… 133

　　第一节　城镇居民体育旅游行为特征 ……………………… 133

　　第二节　农村居民体育旅游行为特征 ……………………… 137

　　第三节　退休无业居民体育旅游行为特征 ………………… 141

　　第四节　体育健身活动空间分布特征 ……………………… 145

　　第五节　体育健身活动时间持续特征 ……………………… 146

第八章　北京冬季体育旅游市场特征 ……………………………… 148

　　第一节　调查数据采集 ……………………………………… 148

　　第二节　调查对象人口学特征 ……………………………… 149

　　第三节　旅游者出游动机特征 ……………………………… 156

　　第四节　旅游者行为特征 …………………………………… 158

第九章　北京体育旅游发展重点任务 ……………………………… 166

　　第一节　打造体育旅游产品集群 …………………………… 167

　　第二节　建设体育旅游目的地 ……………………………… 171

　　第三节　发展体育旅游产业经济 …………………………… 173

　　第四节　提升体育旅游知名度 ……………………………… 176

参考文献 ……………………………………………………………… 178

附件1　北京市冬季体育旅游者调查问卷 ………………………… 185

附件2　北京市滑雪滑冰场所汇总 ………………………………… 189

上篇

体育旅游发展的理论框架

第一章

体育旅游基础理论述评

体育旅游理论研究涉及体育旅游需求动机、体育旅游行为特征、体育旅游综合效应、社会支持体系、区域支持体系等多方面内容，各理论模块之间又产生复杂的互动作用机制，共同构成了体育旅游理论研究框架，见图1-1。

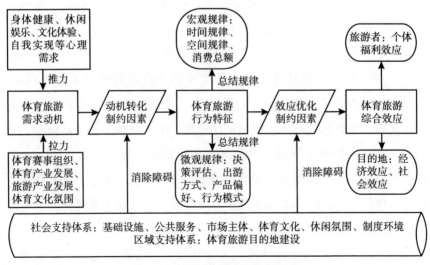

图1-1 体育旅游理论研究框架

本章将从体育和旅游融合发展历史、体育旅游现代学术研究范式、体育旅游者体验、体育旅游公共政策、体育旅游产业特征、体育旅游企业策略、体育赛事综合效益和体育旅游目的地发展等八个方面对体育旅游理论展开论述。

第一节　体育和旅游融合发展历史

体育和旅游都是人类重要的休闲活动和生活方式，自古以来就紧密联系在一起。但是，不同的人类发展阶段，体育旅游又呈现出截然不同的发展特征，英国体育社会学家威德等（Weed et al.，2009）将人类体育旅游发展史分为四大阶段：

从全世界的范围来看，体育和旅游有悠久的融合发展历史。最晚在公元前776年第一届古代奥运会举办时，体育旅游就已经产生。古希腊各城邦每年举办数百场各种类型的体育赛事，催生了大批的专业运动员，他们在希腊巡回参加各城邦的体育竞技比赛并以获取奖品为目的。体育赛事的举办又带动出现了大量的赛事观众，范达伦等（Van Dalen et al.，1971）估算古代奥运会在整个希腊大约能够吸引4万名观众。我国古代汉族的赛龙舟比赛和以蒙古族"那达慕"大会为代表的少数民族赛事，也有悠久的发展历史，伴随其产生了一批专业运动员和大量的赛事观众，形成了我国最早的体育旅游活动。唐代著名古诗《观竞渡》就描绘了上巳节时龙舟竞渡、观者如云的盛况。全世界的古代体育旅游与现代体育旅游已经有了众多相似之处，并且在丰富休闲生活、促进社会交流、增强文化认同等方面发挥了重要功能。

15~19世纪，随着世界进入工业社会，以火车为代表的交通方式变革导致交通成本迅速降低，产业结构的转型催生了大量重视生活质量的中产阶级，旅游逐渐从精英阶层活动转变为大众的生活方式，体育旅游也进入了快速发展阶段。以足球为代表的现代体育活动开始出现，有别于传统的民俗体育活动，现代体育更为强调规则、理性和管治，随着体育俱乐部的出现，体育的专业性逐步增强，出现了庞大的现代体育观众群体。同时，在交通方式变革和大众旅游发展的背景下，越来越多的旅游者选择旅行到异地开展体育运动，滑雪运动的发展和普及正是这种参与型体育旅游方式的典型代表。体育运动规则的标准化和全球化也推动了远距离体育旅游的出现，在全世界不同地点的不同人群以相同的规则开展体育运动，旅游者们愿意到异地观赏或参与体育运动。

在 1896 年第一届现代奥运会举办后，特别是在第二次世界大战以后，随着居民收入水平提高、休闲时间增加，旅游活动成为了生活方式的重要组成部分。同时，居民的生活方式也逐步转型，体育运动在生活中占据了越来越重要的地位，体育旅游自然就成为了发达国家居民的重要休闲活动。以小汽车为代表的交通方式发展进一步降低了交通成本，居民们的旅游出行空间范围进一步扩大、自主性进一步增强，更多的乡村郊野地区成为了人们的旅游休闲空间。另外，民航运输的发展让大众有能力跨省甚至跨国开展体育旅游活动。与此同时，体育旅游运动的产业供给也快速发展，在爱好者自发组织的业余体育旅游俱乐部快速发展的同时，大量有雄厚资本支持的专业体育旅游企业也快速发展，提供专业化细分型的体育旅游产品，进一步促进了体育旅游的现代化发展。

21 世纪后，现代体育开始向后现代体育转型发展（Stewart et al.，2000），体育旅游的发展又进入了新的历史阶段。随着旅游新产品纷纷涌现，旅游业从观光游览主导向活动参与型主导转型。居民的休闲方式也迎来了转变，从"消极"向"积极"转型，体育运动成为了休闲度假的核心内容，成为了养生康体的重要手段，进而与居民休闲生活的联系更加紧密。在这样的背景下，体育旅游成为了居民重要的休闲方式。以全世界各地马拉松赛事大量举办为标志，越来越多的业余民众可以参加专业体育赛事，同时也吸引了大量的体育赛事观众。以高尔夫球度假村和滑雪度假区为标志，体育运动成为了旅游的重要目的和旅游目的地建设的重要内容。与此同时，体育和旅游的产业链进一步拉长，体育旅游能够带动文化、教育、医疗、健康、会展等相关产业的发展。体育赛事的举办能够带来城市基础设施的更新，以及城市品牌和吸引力的提升，成功举办奥运会成为世界城市的重要标志。对于很多相对欠发达的偏远地区和农村地区而言，发展体育旅游成为重要的区域经济发展战略，能够拉动区域经济发展和基础设施更新，也有利于保护体育文化遗产，促进社会团结包容和文化认同感的形成。表 1-1 为现代体育和后现代体育内涵。

表 1-1　　　　　　　　　现代体育和后现代体育内涵

类别	现代体育	后现代体育
组织和管理	中心型管理；对运动员的顺从；兼职的业余辅助人员	分散型管理；为运动员提供咨询服务；全职的专业辅助人员
价值和习惯	强调业余主义、公平竞争和一致性；认同传统和习惯；尊重和敬畏权威人物；认为体育是性格塑造的过程	强调职业化；质疑传统的体育活动；对权威人物影响力的削弱；认为体育是个人挑战的过程
团队领导	保守型的体育团队领导；选择合适的技术并避免风险	冒险型的体育团队领导；选择战术性创新或激进的变革
赛事结构	强调普通的赛事计划；对于创新比较谨慎；当决出成绩时竞赛就结束；竞赛规则是神圣的	鼓励试验和创新；传统的体育活动受到挑战；修改体育规则以获得更壮观的场景
体育市场	体育爱好者形成单一无差别的市场，对体育运动有同样的需求，也需要单一的产品和体验	体育爱好者形成多元化的细分市场，有多样化的观看和参与方式，需要多元化的体验
观众偏好	展示传统的体育技艺和仪式；强调体育竞技和团队对抗	通过搭建综合性娱乐场景，形成壮观的场面和沉浸式的体验
赛事观众	观众在现场观看比赛	以电视和网络等线上观众为主体

类别	现代体育	后现代体育
体育爱好者忠诚度	对本地区体育团队和运动员的偏好和忠诚	全球性、多运动类型的偏好
体育场馆设施	体育场馆提供标准化的座位、站立空间和基本的餐饮服务；观众观看的同时提供语音解说服务	体育场提供个性化和多元化接待服务的座位、预订区域和私人包厢；观众观看的同时提供视频回放
财务结构	商业收入由门票收入决定；少部分收入来自广播电视；体育与商业保持一定距离	商业收入来自赞助商、电视转播权、认证、特许商品和门票收入；体育就是商业
体育训练	严格遵守公式化的训练计划	在科学研究和自然训练的基础上形成了多样化的训练模式
营销推广	没有活跃的营销联盟和推广团队；营销推广效果取决于广播、电视和报纸报道的曝光度；默认赛事会自我营销	有瞄准目标市场的营销推广活动；电视等是主流的营销媒体；通过改变体育赛事来迎合顾客和观众群体的需求

资料来源：Stewart, Bob, Aaron Smith. Australian sport in a postmodern age [J]. *International Journal of the History of Sport*, 2000, 17 (2 -3): 278 -304.

第二节　体育旅游理论内涵研究

虽然体育旅游是有数千年悠久历史的社会现象，但针对体育旅游的系统性研究近二十年来才在国内外兴起。体育旅游是以体育活动或体育文化为吸引物的旅游行为，规则性、竞争性和娱乐性是体育旅游的重要特征。

一、体育旅游学术概念

欣奇等（Hinch et al. , 2008）认为体育和旅游的概念是相关和重叠的，体育是一种重要的旅游活动，旅游又是体育的重要特征。由于研究目的和概念融合程度的不同，也就产生了不同的体育旅游定义。总体而言，体育旅游的定义包括了活动、空间和时间等三大维度方面的内容。表1-2为体育旅游代表性定义。

表1-2   体育旅游代表性定义

概念	文献出处	学术定义
体育旅游 (Sport Tourism)	霍尔 (Hall，1992)	出于非经济目的离开家庭范围去参加或观看体育活动
	拉斯金 (Ruskin，1987)	人在特定休闲时间的特殊休闲行为，有的是在有吸引力的自然环境内完成，有的是在人造的室内体育设施内完成
	威德等 (Weed et al.，1997)	包含体育运动的度假活动，包括作为观众和参与者等类型
	吉布森 (Gibson，1998)	个人临时性离开家庭社区去参加体育活动、观看体育活动、游览体育相关吸引物的旅游休闲活动
	斯坦迪文等 (Standeven et al.，1999)	所有主动或被动地离开家庭社区或工作环境而参加体育活动的行为，可以是自发的也可以是有组织的，可以基于商业目的也可以基于非商业目的
体育旅游者 (Sport Tourist)	野川等 (Nogawa et al.，1996)	主要出游目的是参加体育赛事活动且在赛事区域停留超过24小时的临时性旅游者，游览周边区域只是次要出游目的
	甘蒙等 (Gammon et al.，2003)	离开惯常环境主动或被动地参加竞争性或休闲性体育活动的人，体育活动是主要出游目的
旅游体育 (Tourism Sport)	甘蒙等 (Gammon et al.，2003)	离开惯常环境主动或被动地参加竞争性或休闲性体育活动的人，体育活动是次要出游目的

资料来源：Hinch, Tom, James Higham. Sport Tourism：A Framework for Research [A]. in Mike Weed. eds. *Sport & Tourism：A Reader* [C]. Oxon：Routledge, 2008.

威德等（Weed et al.，2009）对体育旅游（sports tourism）的内涵进行了概念化分析。他们认为体育运动的特性是活动导向型的社会性活动，具有活动性和社会性两个属性。首先，体育运动必然以某种具体的运动形式为目的，这种运动可以是正式、非正式、竞技、休闲等多种类型。其次，体育运动必然具有社会属性，体育运动者会与队员、对手、观众、俱乐部会员等其他人产生社会互动关系。

旅游活动的特性是离开惯常环境的异地社会性活动。首先，旅游者必然产生与旅伴、导游、旅游服务者等的社会互动关系。其次，旅游是离开惯常环境的异地活动，因此必然具备地域属性，旅游者通过空间移动来完成旅游活动。

因此，体育旅游可以看作"运动、人、地域"三者间的复杂性互动行为。体育旅游既不能简单地看作体育或者旅游的分支，也不能看作体育和旅游的简单加总，"运动、人、地域"三者互动而形成了更为复杂的规律和特征。因此，体育旅游需要形成专门的研究方法和范式。

二、体育旅游类型划分

体育旅游并不是体育和旅游的简单加总，体育活动和旅游活动交织融合，即使是同样目的的体育运动，也会因为行为特征和融合方式的不同而形成多样化的体育旅游活动（Weed et al.，2009）。雷德蒙（Redmond，1991）基于体育度假地、体育博物馆、体育节庆、体育设施等吸引物，提出了最早的体育旅游分类。库尔茨曼（Kurtzman，1995）提出了体育旅游的五大分类，分别为体育遗产设施吸引物、以体育为主题的度假区、体育明星主题的邮轮旅行、以打高尔夫球为代表的体育旅行、重大体育赛事。

欣奇等（Hinch et al.，2014）在吉布森（Gibson）于1998年提出的分类标准基础上，将体育旅游划分为四种类型：（1）赛事观众型体育旅游，体育旅游者聚集到体育赛事举办地观看专业运动员比赛；（2）赛事参与型体育旅游，体育旅游者参与到目的地的体育赛事竞技中，例如各地的城市马拉松赛；（3）休闲娱乐型体育旅游，旅游者以休闲娱乐为目的到异地开展体育活动，例如高尔夫球、滑雪、登山、潜水等；（4）文化遗产型体育旅游，旅游者到异地开展体育文化活动，例如参观运动场馆、体育博物馆，参加球迷俱乐部等。这四种体育旅游类型既有显著特征又呈现出交融发展的趋势，例如球迷在到异地观看足球比赛的同时，还能参加足球俱乐部组织的文化活动。

从国外的体育旅游研究成果来看，研究赛事型体育旅游的成果最多（占67%），其中赛事观众型和赛事参与型分别占55%和12%，研究休闲娱乐型体育旅游的成果占20%，研究文化遗产型体育旅游的成果仅占2%，还有11%的成果没有细分研究对象（Hinch et al.，2014）。但从体育旅游产业规模来看，结构则恰好相反，休闲娱乐型体育旅游者人数为赛事型体育旅游者的6倍。因此，休闲娱乐型体育旅游具有最为重要经济社会功能，却又未获得应有的学术关注，有望成为未来的重要研究新领域。

威德等（Weed et al.，2009）采用了另外一种体育旅游产品分类方法，将体育旅游产品划分为训练型、参与型、赛事型、附加型和奢侈型等五大类型：（1）训练型体育旅游产品，体育旅游者出游的主要目的是体育运动培训或训练；（2）参与型体育旅游产品，主要包括户外探险、休闲游憩等旅游者能够亲自参与的体育旅游活动，这种体育旅游活动一般不依托于赛事，竞技性和规则性相对较弱，休闲娱乐是活动的主要目标；（3）赛事型体育旅游产品，既包括奥运会等旅游者作为观众的体育赛事，也包括马拉松等旅游者可以亲自参与的体育赛事，这类体育旅游活动依托赛事设立，竞技性和规则性较强，作为观众的旅游者可以欣赏到专业的体育竞技，作为运动员的旅游者则希望获得较好的比赛成绩；（4）奢侈型体育旅游产品，这类体育旅游产品的特征并不是具体的旅游活动，而是奢侈的旅游设施和产品服务；（5）附加型体育旅游产品，指在非体育旅游线路中加入的体育旅游产品，体育运动并不是旅游产品的主要内容，旅游者出游主要目的也不是体育运动，体育运动成为整个旅游产品的附加部分。

威德等（Weed et al.，2009）进一步依据"积极参与或消极观看""组团或个人""仅单项运动或多项运动组合"等标准对上述五类体育旅游产品进行了细分。

三、体育旅游研究方法

从国外的体育旅游研究方法来看，也借鉴了社会科学的前沿研究方法，经历了逐步发展并走向成熟的过程。早期的体育旅游研究方法主要关注概念辨析、分类方法、经济效应测算等内容。随着体育旅游学科的逐步成熟，学者们开始运用动态的方法研究体育与旅游之间的关系，研究内容也拓展到体育旅游者动机和行为、体育旅游的社会和个体福利效应、体育旅游目的地营销、体育旅游目的地社区发展等领域，对于体育旅游发展规律与综合效应的研究更为全面。体育旅游已经逐步从体育学或旅游学的分支开始演变为一个相对独立的学科。

欣奇等（Hinch et al.，2014）对2007～2011年的体育旅游研究成果进行梳理后发现，采用的实证研究方法主要包括调查法、二手数据分析、模型分析、访谈法、案例研究、民族志、内容分析和其他方法。

四、体育旅游研究领域

欣奇等（Hinch et al.，2014）对2007～2011年在主流国际期刊上发表的体育旅游实证文章进行计量分析后发现，体育旅游文献的主要研究对象集中在欧洲和北美，两地加起来合计占到总文献数的一半以上，紧随其后的是大洋洲。亚洲仅占总文献数的11%，仅略高于非洲（6%）和南美洲（2%）。其中研究亚洲的文献又主要集中于日本、韩国和新加坡等国家。主流国际期刊中研究中国体育旅游发展的实证研究仅零星出现。

从国内期刊中体育旅游文献的发表情况来看，近二十年来我国针对体育旅游已有了一定程度的研究成果积累。其中，大多数成果主要研究体育旅游的概念界定、类型划分、发展对策等内容。例如，朱红香（2008）研究了体育旅游的界定和概念归属问题，她认为体育旅游不是体育与旅游的简单移植，而是体育与旅游的特殊组合，具有功能独立性、异质兼容性和功能延展性等复合特征。赵志荣（2011）分析了国内针对体育旅游认识产生混乱的原因，具体而言是认识上的感性化明显及缺乏探究精神，我国对体育旅游的定位过"杂"，对体育旅游的分类过"乱"，对体育旅游项目的归属过"泛"现象较为突出。刘晓明（2014）提出了体育产业与旅游产业融合发展的动力机制、路径选择和政策建议。他认为可以通过政府、企业和市场三方的推动，使体育与旅游两大产业在资源、产品、市场等方面进行全方位的对接，形成渗透型融合、重组型融合和延伸型融合三种有效路径。总体而言，国内学者还应加强对于国外体育旅游理论前沿研究成果的参考借鉴，在旅游者出游动机、行为规律和综合影响效应等方面增加研究成果产出。

第三节　体育旅游者体验

参考国内外学术界的前言研究进展，本节将体育旅游活动抽象为"运动、人、地域"的复杂互动行为，从体育旅游者的体验视角，来对体育旅游需求动机理论、体育旅游活动等进行研讨。

一、体育旅游需求动机

旅游者的体育运动动机和旅游活动动机都能对体育旅游动机产生影

响,在麦金托什等(McIntosh et al.,1986)的研究基础上,威德等(Weed et al.,2009)提出体育旅游的动机包括生理需求、人际交往、文化体验、社会地位等四种类型。体育旅游者在下述四种出游动机的驱使下,开始将需求付诸实践,参与具体的体育旅游活动。(1)生理需求动机包括旅游者通过体育旅游追求生理和精神恢复、追求健康和愉悦等动机;(2)人际交往动机包括旅游者通过体育旅游会见志同道合者或亲朋好友,逃离日常的工作状态以寻求不同生活体验等动机;(3)文化体验动机包括旅游者通过体育旅游了解和体验其他文化和生活方式的动机;(4)社会地位动机包括旅游者通过体育旅游活动来提升自己的社会地位、实现个人发展等动机。

威德等(Weed et al.,2009)将体育旅游者根据出游频率高低分为偶发、零星、非经常、有规律、热爱、沉迷等六类,各类体育旅游者具有截然不同的出游决策因素、行为特征和消费方式。表1-3为体育旅游需求连续区间。

表1-3 体育旅游需求连续区间

出游频率 旅游特征	偶发	零星	非经常	有规律	热爱	沉迷
参与体育旅游促进因素	寻找娱乐或陪伴他人	在方便的情况下参与	愿意将体育作为旅游体验的一部分	体育是旅游体验的重要组成部分	体育是旅游体验的核心内容	体育常常是旅游的唯一目的
参与体育旅游制约因素	休闲时不愿通过运动来放松	体育对于生活不重要,容易被其他事情替代或拖延	除体育外,有多种热爱的替代活动可供选择	金钱或时间约束	只有遇到意外或严重制约情况时不参与	受伤、疾病或害怕受伤
体育旅游团队特征	家庭团队	家庭和朋友团队	常常是朋友团队或商务团队	团队或个人	相同爱好者组成团队	精英团队或受到资助的个人

续表

出游频率 旅游特征	偶发	零星	非经常	有规律	热爱	沉迷
体育旅游者生活方式	体育并不重要	体育不是关键活动，喜爱体育但不会优先选择	体育很重要但并非至关重要	体育非常重要	体育是生活的标志性组成部分	体育不仅重要还很专业
体育旅游支出	极少	除了偶尔支出外极少	偶尔很高	很可观	很高并且持续	极高并且有其他资源资助

资料来源：Weed, Mike. Progress in Sports Tourism Research? A Meta – Review and Exploration of Futures ［J］. *Tourism Management*, 2009, 30（5）: 615 – 628.

由表 1 – 3 可以看出，随着体育旅游频率的增加，体育旅游在旅游者生活中的重要性越来越高，体育运动的专业性越来越强，制约参与体育旅游的因素越来越少，旅游者愿意为体育旅游支付的开支也越来越多，体育旅游从偶发的休闲行为逐步变为一种积极的生活方式。

二、体育旅游活动

体育旅游活动可以简单地根据体育活动的类型来分类，但是这种分类方法没有考虑到"运动、人、地域"的复杂互动，而是将体育旅游活动当作普通的体育运动，很多体育旅游的复杂互动特性因此没有反映出来。体育旅游者在体育旅游过程中的良好体验，并不仅来源于享受体育运动，也来源于旅游过程和文化体验。因此，体育旅游是一个过程，而不是体育运动这个结果。研究分析体育旅游应该强调体育旅游者在行程中的行为，而不能仅强调体育运动这个目标，体育旅游过程中的行为和体验已经成为研究体育旅游的重点内容（Weed et al., 2009）。

第四节 体育旅游产业特征

体育旅游产业由体育产业和旅游业深度融合形成，其内涵极为丰富多元。但是，由于体育旅游统计基础相对薄弱，现在对于体育旅游产业还以定性研究为主，定量研究则相对较少。

一、产业规模

联合国世旅组织（UNWTO，2002）对体育产业和旅游产业的关系进行了深入研究，并得出了以下初步的结论：

（1）体育产业和旅游业融合能够产生极具竞争力的企业网络和集群。体育旅游包括了体育和旅游的供需双方，也涉及了两大产业的上下游经济部门。从地理范围来看，旅游业更集中在旅游集散枢纽和旅游目的地，体育产业的经济影响范围比旅游业更广泛。通过举办大型体育赛事活动，能够串联起体育产业和旅游业，对区域经济社会发展产生重大影响。

（2）旅游业和体育产业对社会和经济的实际贡献在很多社会经济影响效应研究中常常被低估。在发达国家，体育产业对国内生产总值的贡献一般在1%~2%，而旅游业的贡献一般在4%~6%，这取决于国家在体育产业和旅游业的专业化程度（UNWTO，2002）。很多国家已经开展了旅游业的经济影响效应研究，但体育产业的影响效应研究总体而言还相对较少。

（3）奥运会等大型体育赛事活动的支出会在当地产生很高的乘数效应，当一个地区在中短期内急需创造就业机会或增加收入时，举办体育赛事活动会具有非常积极的作用。通过旅游营销活动，大型体育赛事还可以帮助旅游目的地的品牌形象重新定位。通过体育产业和旅游业发展，还可以大大提高城市发展和基础设施投资的可持续性。

二、行 业 特 征

本书选择统计数据相对健全的健身俱乐部业作为体育旅游产业的典型性行业，研究健身俱乐部业的行业规模、产品结构和发展策略，以从该视角总结我国体育旅游产业的主要特征。

健身俱乐部是指为了满足客户的健身、锻炼和健美需求，为其提供健身设备、空间和服务的企业，包括有氧运动中心、体育俱乐部、休闲体育中心、健身中心、健美工作室、滑冰场、网球场、游泳池等多种类型。健身俱乐部包括会员制健身俱乐部、到付式健身俱乐部、酒店附属健身俱乐部等多种商业模式（IBISWorld，2016a；2016b）。

2016 年宜必思世界（IBISWorld）的行业研究报告分别分析了中国和美国的健身俱乐部业的发展情况。表 1 - 4 显示了 2016 年中国和美国健身俱乐部业规模指标，可以看出中国的健身俱乐部业无论从行业规模、企业数量还是就业人数来看都落后于美国的发展水平。

表 1 - 4　　　　　　2016 年中国和美国健身俱乐部业规模指标

国家	收入（亿美元）	收入增长率（%）	增加值（亿美元）	增加值增长率（%）	企业（个）	分支机构（个）	就业（个）	工资（亿美元）	拥有一个健身俱乐部人数（万人）
中国	58.095	9.8	24.788	10.1	2496	8364	217036	9.127	16.4
美国	302.981	3.2	153.734	1.8	94770	112725	642010	104.772	3.5

资料来源：IBISWorld. *Gym, Health & Fitness Clubs in China* ［R］. Beijing：IBISWorld, 2016a. IBISWorld. *Gym, Health & Fitness Clubs in the US* ［R］. Los Angeles：IBISWorld, 2016b.

2016 年美国每 3.5 万人就有一个健身俱乐部（含分支机构），而中国每 16.4 万人才有一个。中国健身俱乐部行业的市场渗透率还较低，具有巨大的市场发展潜力。因此，2016 年中国健身俱乐部业的增加值增长率为 10.1%，远高于美国相应指标 1.8% 的水平。2014 年美国健身俱乐部会员数约为 5410 万人，相当于总人口的 17.0%，如果中国的健身俱乐部会员比重达到美国水平，那么中国的健身俱乐部会员数将达到 2.33 亿人，形成一个巨大的健身消费市场（IBISWorld，2016a；2016b）。

三、产品结构

体育旅游业不仅提供体育运动服务，还能与制造、教育、餐饮、医疗等产业相融合，共同有机组合形成内涵更为丰富的体育旅游产业经济。

以表 1 - 5 显示的 2016 年美国健身俱乐部企业收入构成为例。健身俱乐部企业的收入不仅来源于会员交纳的会费或临时顾客交纳的门票费，还来自个人训练服务、体育教学、餐饮服务、商品销售、水疗服务等多个方面。其中，来自会费或门票的比重不足 2/3，有超过 1/3 的收入来自其他行业的附属服务。

表 1 - 5 　　　　　　　2016 年美国健身俱乐部企业收入构成

项目	比重（%）
会员费	60.4
个人训练服务	8.2
顾客门票	2.9
体育教学	2.7
餐饮服务	2.2
商品销售	2.0

项目	比重（%）
水疗服务	1.7
其他	19.9
合计	100

资料来源：IBISWorld. *Gym，Health & Fitness Clubs in the US*［R］. Los Angeles：IBISWorld，2016b.

四、发展策略

宜必思世界（IBISWorld，2016a）结合健身俱乐部的行业特点，提出了我国健身俱乐部行业良性发展应具备的关键因素：

（一）提供靠近客户分布的产品

健身运动属于居民日常开展的体育休闲活动，居民们希望能在很短的步行距离内接受服务。因此，健身俱乐部企业需要靠近目标市场分布，以便于客户有效地使用健身运动产品。

（二）具有良好的客户沟通能力

健身运动具有较强的技术性和专业性，健身俱乐部复杂的会费结构也常常不为客户所熟悉。因此，健身俱乐部应该具有良好的客户交流沟通能力，策划多元化的宣传营销方案，让客户能够熟悉健身运动的功能和训练技巧，了解健身俱乐部的入会程序，以便增强客户加入健身俱乐部的积极性和主动性。

（三）提供个性化的健身运动方案

每个客户都具有不同的健身运动需求和预期功能目标，因此客观上也需要差异化的最优健身运动方案。这就要求健身俱乐部企业不是提供标准化的健身运动产品和服务，而是能够根据每一位客户的实际情况和具体需求，提供量身定制的个性化健身运动方案，以便每一位客户都能够通过健身运动获得最佳效果。

（四）配备良好的健身运动器械

健身运动器械受技术变化发展的影响明显，更新换代速度较快。健身俱乐部企业之间的竞争，很大程度上取决于各企业硬件设施配置的更新情况。因此，健身俱乐部企业需要紧跟技术发展的步伐，将完善的健身运动器械作为企业核心竞争力的重要组成部分。

（五）服务人员具备专业知识技能

健身运动涉及营养学、医学、体育学等多个领域，专业性和技术性较强，大多数客户并不完全具备健身运动的相关知识。这就要求健身俱乐部企业在提供良好硬件设施的同时，也能提供优质的配套服务，为客户提供专业的技术培训和运动训练服务，既能有效引导开发客户的潜在需求，又能在运动训练过程中进一步提供增值服务。

（六）实现品牌化连锁化经营

健身俱乐部业长期发展的趋势是实现品牌化连锁化经营，打造具有知名度和号召力的品牌，在全国甚至全世界提供标准化的品质服务，以实现经营的规模经济，为更大市场范围的客户提供服务。

第五节　体育旅游企业策略

为了促进体育旅游产业的发展，威德等（Weed et al.，2009）提出了体育旅游产业供给战略体系，包括开发潜在市场、提高重游率、增加活动类型、合作市场营销、开发旅游产品、创造竞争优势等内容。

一、开发潜在市场

针对可能具有体育旅游需求但又从来没有参与过体育旅游活动的潜在客户，可以通过提供初次体验优惠套餐来鼓励其参与，可以将体育旅游添加到常规休闲旅游活动中，也可以将体育旅游作为福利旅游的重要形式向企业推荐。

二、提高重游率

针对具有初次体育旅游经历的客户，需要合理布局体育旅游产品，方便体育旅游者消费。另外，通过基于社会关系的市场营销，构建具有相同兴趣爱好的体育旅游者俱乐部，有利于鼓励旅游者多次重复消费。对于家庭体育旅游团队，提供适合青少年消费的休闲娱乐活动是长期留住客户的关键。

三、增加活动类型

对于主要参加一种或少数几种体育运动的旅游者，可以鼓励其依据不同运动的功能参加多种互补型体育运动，以最大化发挥体育运动的综合功能。通过综合型旅游产品开发、多种体育运动设施复合布局等方式，鼓励体育旅游者增加活动类型。

四、合作市场营销

鼓励同地区的不同体育旅游项目以打造"体育旅游目的地"的方式合作营销，以丰富旅游者在同一旅游目的地的体育运动类型。鼓励不同地区的同类体育旅游产品合作营销，以增强旅游者对于单项体育运动的专业性和忠诚度。鼓励体育旅游产品与其他旅游产品合作营销，开发综合型的旅游线路和旅游产品。增强各种旅游产品的互补性，最大限度地减少旅游产品之间的替代性。

五、开发旅游产品

体育旅游者出游的首要目的可能是某项体育运动，但通过旅游产业的合理规划，他们在体育旅游过程中也极有可能消费其他体育运动产品、观光旅游产品、休闲娱乐产品、专项旅游产品等，产生更大的经济效益。因此，各种产品需要在项目布局、产品体系构建、市场营销等方面合理规划。

六、创造竞争优势

体育运动逐渐成为重要的休闲娱乐方式，成为养生康体的重要手段，成为时尚生活的发展趋势。对于传统的旅游酒店、旅游景区、旅游度假区和旅游目的地而言，通过积极主动增加体育运动内容，实现体育运动产品与传统旅游产品的有机融合，能够成为传统旅游项目新的竞争优势来源。具有体育运动功能的旅游产品在进行市场营销时，与同类型的产品相比也更容易得到普通旅游者的青睐。

第六节　体育旅游公共政策

体育旅游发展同时受到体育政策和旅游政策影响。如果将体育旅游看作"运动、人、地域"的复杂互动，那么体育政策更多地关注"运动、人"的互动，旅游政策更多地关注"人、地域"的互动，"人"的需求是两类政策联系的纽带。因此，让体育决策机构和旅游决策机构共同协调工作，对于体育旅游的发展至关重要。体育和旅游的政策制定机制会影响两者间的政策整合，也会影响体育旅游政策网络的形成。

一、国际组织宣言

1998 年 4 月 16 ~ 18 日，联合国世旅组织在安道尔召开首届世界冰雪体育旅游大会，会议讨论了冰雪体育旅游的产业现状、需求趋势、发展战略和竞争力关键因素，并以联合国世旅组织名义发布了《安道尔冰雪体育旅游宣言》（UNWTO，1998），其主要内容包括：（1）冰雪体育旅游是世界旅游业的重要组成部分，也是世界上许多国家和地区提高生活水平的关键因素；（2）体育旅游业的竞争力需要私营部门和行政部门之间的密切合作，为可持续发展确定灵活的框架，而不是严格的监管，社区应积极参与这一进程；（3）鉴于联合国世旅组织作为全球旅游业领导者的地位，以及其与政府和私营部门的密切关系，应在制定和管理体育旅游质量体系方面发挥关键作用；（4）首届世界冰雪体育旅游大会的召开表明，信息交流和不同专业观点对体育旅游决策者建立共识具有重要价值。

二、国家产业政策

从全世界的范围来看，有长期体育和旅游政策合作机制的国家很少。威德等（Weed et al.，2009）认为这种协调合作机制更有可能在地方政府层面率先出现，以解决具体问题并产生实际的效益。他们对英国的体育旅游政策进行研究后发现，英国的体育决策机构和旅游决策机构由于缺乏价值认同和共同利益，因此在全国层面没有形成体育旅游政策网络。

威德等（Weed et al.，2009）经过梳理后将体育政策和旅游政策的合作领域总结为六大方面，如表1－6所示，体育和旅游可以在旅游产品、生态环境、营销推广、政策规划、资金来源、设施建设等多个领域开展政策合作。

表1－6　　　　　　　　体育政策和旅游政策合作领域

政策合作领域	政策合作内容
体育旅游产品	开发体育训练型体育旅游、参与型体育旅游、赛事型体育旅游、附加型体育旅游、奢侈型体育旅游等产品
乡村生态环境	实现农场功能多元化，解决资源的可进入性和整合问题，实现水域和口岸资源的综合开发
旅游咨询和营销推广	联合向上级政府游说、共享信息发布渠道、共同开展市场研究与咨询建议
政策和规划	实现体育旅游可持续发展、共同开展市场营销活动、解决政策冲突问题、共同制定从业守则
政策资金来源	寻找辅助性资金来源、共同申请资金资助、共同开展经济和社会更新计划
体育旅游设施	实现旅游设施的多功能使用，建设宾馆休闲设施，共同建设地方旅游配套设施

资料来源：Weed，Mike，Chris Bull. *Sports Tourism*：*Participants*，*Policy and Providers*［M］. Second Edition. Oxford：Butterworth－Heinemann，2009.

第七节　体育赛事综合效益

体育赛事是体育旅游的重要组成部分，赛事观众型和赛事参与型体育旅游都与体育赛事紧密相关。从赛事申办开始到赛事结束后很长时间，体育赛事都会对旅游目的地的经济、社会和环境产生深刻影响，政府通过精心的规划和管理能够充分放大体育赛事带来的正面影响效应，并延长影响效应的持续时间。经济合作与发展组织（OECD，2023）对体育赛事影响的生命周期进行了研究，分为申办和规划、运营和举办、评估和遗产三个阶段的影响，见图1-2。

图1-2　体育赛事影响的生命周期

资料来源：OECD. *How to measure the impact of culture，sports and business events：A Guide Part I* [R]. Paris：OECD，2023.

一、体育赛事影响效应评估

经济合作与发展组织（OECD，2023）研究了体育赛事影响效应的作用机制和指标体系。他们发现体育赛事能给居民和社区带来正面或负面的影响效应，这种影响效应从申办赛事开始能够持续到赛事结束后很多年。体育赛事的规模、环境、背景和频率等都能够决定赛事的影响效应，这种影响效应主要分为经济、社会和环境等三大类别。其中，经济效应是人们研究最多的影响效应，社会效应主要聚焦于赛事举办阶段，环境效应近年来则得到了越来越多的关注。

为了有效地研究全球体育赛事的影响效应，经济合作与发展组织（OECD，2023）从经济、社会和环境三大维度，提出了全球体育赛事的主要影响领域和测度指标，见表1-7。我们可以从相关指标构成来分析全球体育赛事的作用机制和影响范围。

表1-7　　　　　　　　全球体育赛事影响效应指标

类别	影响领域	测度指标
经济指标	国内生产总值	直接经济影响、间接经济影响、引致经济影响、净投资流入
	就业和技能	直接雇佣人数、间接雇佣人数、对目标就业人群的拉动、失业率的降低、志愿者技能的提升、相关教育培训项目的支出
	商业和贸易	赛事带来的贸易额、赛事给当地供应商带来的合同额、赛事带来的中小企业营业额、赛事带来的外商直接投资、赛事带来的交易会
	基础设施	场馆投资、设备投资、交通投资、区域更新投资、提升可进入性投资、闲置空间的再利用
	旅游	新增游客人数、新增过夜游客数、游客人均花费增加值、新增旅游消费、目的地吸引力提升、目的地重游率提升、目的地美誉度提升
	研究和创新	赛事相关的研究项目、赛事相关的研发投入
社会指标	健康和福利	赛事带来的健康和福利改善、赛事带来的生活质量改善、健康生活方式的提升
	包容和多样性	赛事运动员、观众、志愿者、组织者的多样性；赛事对弱势群体获得公平权利的促进；赛事媒体对于弱势群体的报道；公众对弱势群体态度的转变；社会包容性项目的费用支出；无障碍场馆和设施比重
	活动参与	社会参与频率的提升、社会参与比重的增加、社会参与动机的提升、社会参与项目的支出、社区设施的投资
	社区建设	社区发起的本地项目、本地项目的参与率、社会包容度的提升、居民自豪感的提升

类别	影响领域	测度指标
社会指标	志愿活动	参与志愿活动的人数、参与志愿活动的目标人群比重、参与志愿活动意愿的提升、志愿活动的货币价值
环境指标	能源、碳排放和水	赛事的碳足迹、可再生能源比重、赛事绿色交通比重、水足迹（water footprint）
	废弃物和回收	赛事产生的废弃物、赛事废弃物的回收比重、赛事绿色建筑比重、废弃物循环利用设施改善
	生物多样性和土地使用	土地整治相关费用、城市更新和建成区重新开发利用、自然保护区的保护情况、生态系统的保护情况、生物多样性的改善情况
	污染	噪声污染、空气污染
	环保意识	符合可持续发展标准的项目数、运动员和观众环保意识的提升

资料来源：OECD. *How to measure the impact of culture，sports and business events：A Guide Part I* [R]. Paris：OECD，2023.

夏季奥林匹克项目国际单项体育联合会总会（ASOIF，2021）考虑到不同体育赛事的效应评估结果往往缺乏可比性，不同年份的体育赛事评估也缺乏连续性。为了鼓励全世界体育产业客观、有效、低成本地评估体育赛事效应，保证不同体育赛事效应评估结果"横向可比、纵向连续"，夏季奥林匹克项目国际单项体育联合会总会提出了体育赛事效应评估的通用框架，包括经济、形象、社会、体育和环境等五大评估维度，针对体育赛事效应评估创新性地设计了投入指标和产出指标，见表 1-8。

表 1-8　　　　　　　　体育赛事效应评估通用框架

评估维度	投入指标		产出指标
经济	观众参与人员	主办方花费基础设施	直接旅游人数和收入

评估维度	投入指标		产出指标
形象	观众 社交媒体	主办方花费 赛事体验	未来旅游人数和收入
社会	志愿者 社区动员 社区服务范围	社区参与 多样性和社会包容 技能发展	本地公民意识
体育	竞技体育发展	群众体育参与	健康和福利
环境	环保倡议 绿色交通 废弃物管理	绿色能源 可持续采购 景观和生物多样性	全球环境责任

资料来源：ASOIF. *Common Indicators for Measuring the Impact of Events* ［M］. Lausanne：Association of Summer Olympic International Federations，2021.

二、体育赛事促进城市更新

史密斯（Smith，2017）指出传统工业城市在后工业社会往往面临产业转型升级的重任，但是常常由于路径依赖等问题而难以单纯靠市场力量或者简单政府干预而实现。通过举办奥运会，能够转变城市原有的发展路径，在短期内注入大量的政治和经济资源，快速推动城市建成区扩张和基础设施建设。因此，举办奥运会成为了重要的城市发展战略，而且不仅集中在夏季奥运会，近年来冬季奥运会也开始具备了类似的功能。在巴塞罗那、悉尼、温哥华、伦敦等城市的转型发展过程中，举办奥运会都发挥了标志性的重要作用。

举办奥运会并不必然会带来城市更新和产业升级，如果缺乏精心的战略谋划、全社会的积极参与和健全的支撑体系，举办奥运会可能只是建设了一大批体量庞大、造价昂贵却并不适应社区需求的基础设施和体育场馆，不仅不能引领城市的转型升级，反而会给城市后续带来沉重的财政负担。而为了举办奥运会的巨额政府投资则并没有用于促进经济社会发展，而仅是流入了少数几家工程建设企业，造成了贫富差距现象加剧。

史密斯（Smith，2017）认为在通过举办奥运会来促进城市更新时，应该更加看重城市发展战略的社会层面，强调社会发展有助于让奥运会给城市带来更多的遗产，例如鼓励居民参与体育运动、促进体育与教育融合、发展体育文化事业等。近年来，国际奥委会也鼓励举办奥运会时更多地使用临时的或现有的体育场馆设施，这也能够节约更多的资金用于促进社会发展和环境保护。同时，城市在举办奥运会时不能仅关注于基础设施和体育场馆的建设，而应该在此基础上采用系统性和战略性的发展策略，才能够最大化奥运会能够带来的经济、社会和环境等利益，而这些利益形成的社会资本反过来又能保证奥运会的成功举办。威德（Weed，2017）指出奥运会只有在举办城市具有长期发展规划和合理投资规划的情况下，才能够促进举办城市的产业升级和旅游业发展。

三、体育赛事策划举办原则

联合国世旅组织（UNWTO，2017）指出，通过精心的规划和管理，大型体育赛事活动可以对旅游业产生巨大的积极影响，旅游业的发展应该重视体育赛事的重要作用。联合国世旅组织通过对 2000 年悉尼奥运会、2008 年北京奥运会、2012 年伦敦奥运会、2016 年里约热内卢奥运会、2020 年东京奥运会（2021 年举办）、2006 年都灵冬奥会、2010 年温哥华冬奥会、2014 年索契冬奥会、2006 年德国世界杯足球赛、2010 年南非世界杯足球赛、2014 年巴西世界杯足球赛等典型案例进行深入研究分析后，提出了通过举办大型体育赛事促进旅游发展应遵循的基本原则。

（一）科学规划旅游发展

1. 全生命周期规划

科学规划大型体育赛事活动"赛前、赛中和赛后"的战略目标和具体指标，并在此基础上制订具体的旅游发展计划。特别是应针对赛事遗产制定中长期旅游利用计划，并以定量和定性的方式来评估结果。在赛事活动的规划中应充分重视旅游业的可持续发展和竞争力。

旅游业所有利益相关者应与赛事活动组委会充分沟通协调，并在规划的制定和执行过程中具有广泛的代表性。

2. 提升旅游业战略地位

大型体育赛事活动是旅游业发展的重要机遇，通过精心的管理和组织，可以给旅游业带来长期的效益。利用大型体育赛事活动，提高决策者和全社会对旅游业重要性的认识，强调旅游业是对外交流的重要工具，还可以对经济和社会发展带来显著效益。

3. 拓展发展辐射范围

在举办大型体育赛事活动时，不应仅聚焦于活动主办城市，也应把发展的机会拓展到周边更大范围的区域，甚至是整个国家。应该以区域整合的视角，来推进旅游产品体系建设、旅游市场营销等工作，促进区域旅游协同发展。

（二）高水平开发建设

1. 旅游基础设施建设

保证未来的旅游业发展的必要基础设施。新建成的体育场馆、公共文化等地标性建筑可能会成为重要的旅游景点，为它们的旅游利用预留空间。为大型体育赛事活动的交通、住宿、公共活动等配套设施制定旅游发展规划。在基础设施建设的过程中应充分鼓励私人投资。

2. 旅游产品开发

结合大型体育赛事活动，开发多样化的旅游产品，并充分利用大型体育赛事活动的影响力对旅游产品和旅游目的地形象进行推广，以此来促进区域产业结构的多元化。

3. 利用技术创新

大型体育赛事活动是展示新技术的重要机会，借助大型体育赛事活动，在旅游业中引进和推广新技术，以此来增强游客体验，增强旅游项目吸引力并增加旅游收入。

4. 储备人力资源

借助大型体育赛事活动，为旅游业及相关行业的工作人员提供就业和培训机会，为未来的旅游业发展储备人力资源。

5. 鼓励绿色发展

利用大型体育赛事活动，鼓励旅游业采取更多环保措施，增强游客的环保意识，提升旅游业的绿色可持续发展水平。同时，尽最大努力消除大型体育赛事活动可能产生的拥堵和污染等负面影响。

（三）提供高品质旅游服务

1. 提升旅游服务质量

利用大型体育赛事活动，提供与国际接轨的旅游服务，完善旅游基础设施和公共服务。通过提供多语言标识导览系统、增加无线网络连接覆盖范围等方式，提升旅游者体验，增强旅游便利性。可以考虑对入境旅游者推出特殊的购物免税制度，以刺激购物消费。

2. 推进签证便利化

研究推出签证便利化政策，以增加入境游客数量。在条件允许的情况下，可以考虑对部分旅游者免签。可以通过临时性的签证便利化政策为永久性的变革积累经验。

3. 建设无障碍旅游环境

利用大型体育赛事活动，加强无障碍旅游环境建设，提升旅游业的可进入性。在保障所有旅游者都能尽情地享受旅游活动的同时，也让本地居民能够从无障碍旅游环境中受益。

4. 维持旅游市场秩序

动态监测旅游市场运行，出台相应的管理措施，维持良好的旅游市场秩序，严禁旅游企业经营者欺诈游客。特别是在举办大型体育赛事产生较大需求时，应采取措施避免各项旅游产品价格过度上涨。

（四）建立广泛的合作网络

1. 加强与赞助商合作

大型体育赛事活动通常由多个大型企业赞助，并开展多样化的宣传营销活动。旅游目的地应充分地与赛事活动赞助商合作，最大限度地促进目的地营销和提高目的地曝光度。

2. 整合旅游业利益相关者

旅游目的地应建立旅游业利益相关者的合作机制，将各级政府、旅游集团、行业协会、非政府组织、社区居民等整合在一起形成发展联盟，以便研究和解决旅游业发展过程中遇到的各种问题。这种合作机制应该在大型体育赛事活动结束后长期存在。

3. 鼓励社区和居民参与

社区参与对大型体育赛事活动的成功举办至关重要。旅游目的地可以考虑让社区和公民参与进来，并以志愿者身份提供服务。社区应该从规划制定到计划执行阶段都全程参与其中，活动志愿者可在大型体育赛事结束后作为旅游从业人员。社区直接参与旅游活动能较好地提升旅游目的地品牌形象，同时也能提升游客满意度。

（五）促进旅游营销和对外交流

1. 加强与旅游者沟通

通过加强与潜在旅游者沟通，鼓励更多的旅游者在大型体育赛事活动举办时游览旅游目的地。重点向潜在旅游者宣传旅游目的地的特色活动、产品信息、预订方式和优惠政策等内容。

2. 加强旅游目的地营销

大型体育赛事活动能够有效地提升旅游目的地的国际知名度，改善旅游目的地形象，并可能带来旅游目的地游客需求、细分市场和产品结构的有利转变，进而促进旅游业的快速发展。旅游目的地应该针对"赛前、赛中和赛后"等不同阶段，明确品牌形象和发展定位，进而加强旅游市场营销以提升知名度。特别是在大型体育赛事活动结束后，还应该继续保持市场营销的力度。

3. 加强与新闻媒体联系

大型体育赛事活动能吸引来自世界各地的新闻媒体，并提供了大量的新闻报道。旅游目的地应与新闻媒体建立并维护良好关系，主动安排新闻媒体调研，为其提供相关素材和信息，以便最大限度地提高正面曝光率，并鼓励新闻媒体在体育赛事活动之外进行报道，以便最大化地获取宣传效益。

4. 创新利用社交媒体

鼓励旅游者和本地居民通过社交媒体进行交流，以便最大化地提升宣传营销效果，让旅游者和本地居民成为旅游目的地的主动营销者。可以考虑举办新媒体营销大赛，鼓励社交媒体的内容创新和分享。

5. 加强对外交流合作

大型体育赛事活动提供了了解其他国家的机会，以增进文明之间的交流互鉴，这是旅游业发展的最终目标之一。通过大型体育赛事活动增强居民之间的对外交往，鼓励开展文化和教育交流活动，在旅游目的地营造更为开放的国际环境，将对出入境旅游的长远发展产生积极影响。

（六）提前做好应急预案

1. 严格保障旅游安全

与旅游安全相关部门合作，提供无缝衔接的安全旅游环境。旅游目的地应与大型体育赛事活动组委会共同制定应急管理方案，为各种突发事件做好准备。在发生应急事件时，要与旅游者建立快速沟通渠道，准确地传递事件的最新信息。

2. 准备危机公关计划

旅游目的地应提前准备好危机公关计划，提前与新闻媒体建立紧密联系。在新闻媒体出现负面报道时，旅游目的地应增强与媒体的沟通技巧，对媒体报道作出快速、诚实的反应，以最大限度地减少负面报道的不利影响。

第八节　体育旅游目的地发展

体育旅游必然需要依托一定特殊地域资源，这些资源的质量等级和分布密度各有差别。在特殊情况下，相同的地域资源可以开展不同的体育旅游活动，相同的体育旅游活动也可以依托不同的地域资源开展。正是因为地域资源的异质性，才引致了跨越地域的体育旅游活动产生。体育旅游活动与异质的地域资源交织融合在一起，共同构成了各具特色的体育旅游目的地（Weed et al.，2009）。

一、体育旅游与目的地良性互动

海厄姆（Higham，2005）在《体育旅游目的地》中指出，传统的旅游目的地是围绕着标志性的文化吸引物、壮美的自然景观、舒适的度假环境等资源建立起来的。但是，近年来的旅游目的地则是在满足休闲、游憩、度假和旅游等需求能力的基础上发展起来的。其中，体育旅游是旅游目的地创新发展的重要亮点和增长点，它给旅游目的地带来了发展的动力、空间和多样性。在体育旅游中，体育赛事、目的地管理、体育旅游流动、细分体育市场、体育文化遗产等是学术研究的重点领域。

海厄姆（Higham，2005）指出，体育和旅游都处在快速的发展和演变进程中，体育和旅游的融合发展，形成了体育旅游这个交叉学科研究领域。对于新的体育新产品和新业态而言，它们与自然和人造资源的结合，给旅游目的地的发展带来了机遇。表1-9为体育旅游特征与旅游目的地发展关系。

表1-9　　　　　　　　体育旅游特征与旅游目的地发展关系

体育旅游特征	旅游目的地发展
旅游需求	（1）各种类型的体育活动产生体育赛事观众和体育活动参与者旅游流的潜力； （2）体育旅游活动丰富旅游目的地的旅游吸引物和旅游活动的潜力； （3）体育赛事活动促进会议、展览和福利等旅游发展的潜力
旅游发展	（1）休闲体育发展的动力，包括与特定区域资源相结合的新型混合体育业态； （2）体育活动与旅游目的地更大范围服务业和旅游需求相结合的潜力； （3）体育在旅游目的地更新和振兴过程中的重要作用
体育旅游业发展	体育旅游发展的经济影响效应
赛事型体育旅游	（1）通过一次性大型体育赛事来提升旅游目的地发展定位； （2）体育赛事活动产生空间和时间上聚集的旅游流的潜力； （3）通过标志性的体育赛事活动来展现旅游目的地的独特性
旅游者体验	（1）普通体育旅游者能够通过体育赛事和体育迷活动等获得的原真性体验； （2）体育对于文化遗产的贡献，以及旅游者的体育怀旧消费； （3）体育观看活动对于区域性的兴奋和庆祝氛围的贡献
旅游目的地特性	（1）增强特定体育活动与有潜力成为旅游目的地的特定区域间联系的潜力； （2）体育赛事活动对于丰富旅游目的地特性的贡献
旅游目的地媒体市场	（1）体育活动和体育赛事对于媒体市场的重要性； （2）体育赛事对于增加媒体曝光度的贡献； （3）标志性的体育团队吸引媒体注意力的能力； （4）通过体育明星吸引媒体注意力的潜力
旅游目的地形象	（1）通过体育赛事活动来强化或改变旅游目的地的形象； （2）大型体育赛事活动对于旅游目的地形象的贡献； （3）文化和娱乐活动对于旅游目的地形象的贡献； （4）体育、体育文化和标志性体育人物赋予特定区域独特意义的能力； （5）体育历史和体育文化遗产对于旅游目的地形象的贡献

体育旅游特征	旅游目的地发展
旅游目的地独特性	（1）利用体育活动与体育旅游者间的特定联系来开发旅游产品和开展市场营销； （2）利用体育和体育团队来促进旅游目的地的差异化发展； （3）通过体育文化来增强区域的独特感知； （4）通过体育活动来凸显旅游目的地的独特旅游吸引物和资源
旅游季节性	（1）通过体育活动和体育赛事来熨平旅游目的地的季节性波动； （2）通过体育促进旅游目的地建成多季节甚至全年候旅游目的地

资料来源：Higham，James. eds. *Sport Tourism Destinations*：*Issues*，*Opportunities and Analysis*［C］. Oxford：Butterworth – Heinemann，2005.

二、体育旅游促进目的地可持续发展

联合国世旅组织（UNWTO，2019）指出，体育旅游有很强的互动性和发展潜力，通过合理的规划、开发和管理，体育旅游可以以独特的方式促进可持续发展，为实现联合国《2030 年可持续发展议程》的可持续发展目标（SDGs）作出贡献。表 1 – 10 概述了体育旅游如何为可持续发展目标作出贡献，以及在发展体育旅游以确保其对可持续发展的贡献时需要考虑的问题。

表 1 – 10　体育旅游促进目的地实现联合国可持续发展目标的机制

联合国可持续发展目标	作用机制	重点工作
目标 1. 在全世界消除一切形式的贫困； 目标 8. 促进持久、包容和可持续的经济增长，促进充分的生产性就业和人人获得体面工作	（1）增加就业机会和收入； （2）增加旅游收入； （3）提升区域竞争力	（1）采取合作和社区参与的发展模式； （2）对本地居民、本地企业进行资助和赋能； （3）精心策划有助于本地发展的体育赛事； （4）开发新的体育赛事和体育产品； （5）应用最新的科技手段； （6）体育旅游与其他旅游资源融合发展； （7）保障体育旅游安全

联合国可持续发展目标	作用机制	重点工作
目标3. 确保健康的生活方式，促进各年龄段人群的福祉	（1）增进体育旅游者福利； （2）增进本地居民福利	鼓励本地居民参加体育活动，增加体育旅游者和本地居民交流
目标5. 实现性别平等，增强所有妇女和女童的权能	（1）增加女性就业机会和收入； （2）女性运动员对本地妇女产生激励示范作用	（1）为女性开展相关经营活动提供培训、小额贷款和发展赋能； （2）鼓励女性运动员参加体育赛事和体育活动
目标11. 建设包容、安全、有抵御灾害能力和可持续的城市和人类住区	增强可进入性	建设旅游者和本地居民共享的无障碍体育旅游环境，包括无障碍的体育旅游产品、设施和服务等
目标12. 采用可持续的消费和生产模式； 目标13. 采取紧急行动应对气候变化及其影响； 目标14. 保护和可持续利用海洋和海洋资源以促进可持续发展； 目标15. 保护、恢复和促进可持续利用陆地生态系统，可持续管理森林，防治荒漠化，制止和扭转土地退化，遏制生物多样性的丧失	（1）展现自然生态价值； （2）增强旅游者、居民和企业的环保意识	（1）可持续开发利用自然资源； （2）使用绿色环保的产品和技术； （3）对旅游者和本地居民进行环保教育
目标16. 创建和平、包容的社会以促进可持续发展，让所有人都能诉诸司法，在各级建立有效、负责和包容的机构； 目标17. 加强执行手段，重振可持续发展全球伙伴关系	增强相互理解	鼓励旅游者和本地居民之间进行交流

资料来源：UNWTO. *Sport Tourism and the Sustainable Development Goals*（*SDGs*）［M］. Madrid：UNWTO，2019.

第二章

体育旅游产业发展特征

本章重点研究体育旅游的产业发展特征。主要内容包括从市场需求视角研究大众旅游时代背景下的国内体育旅游客源市场特征和旅游流动特征，从产业供给视角研究了体育旅游发展的空间载体创新、产业融合创新、智慧旅游赋能和服务质量提升。

第一节　体育旅游市场需求特征

我国脱贫攻坚战取得了全面胜利，完成了消除绝对贫困的艰巨任务，创造了又一个彪炳史册的人间奇迹，圆满完成脱贫攻坚、全面建成小康社会的历史任务，实现第一个百年奋斗目标。

全面建成小康社会后，我国全面进入大众旅游时代，推进文化强国、教育强国、人才强国、体育强国建设，旅游业迎来高质量发展的新时代。人民群众旅游消费需求将从低层次向高品质和多样化转变，由注重观光向兼顾观光与休闲度假转变。大众旅游出行和消费偏好发生深刻变化，线上线下旅游产品和服务加速融合，体育旅游发展迎来重要战略机遇期。

体育、旅游、医疗、健康、养老等幸福产业的融合程度将进一步提升，体育、旅游、休闲对于提升国民健康和居民福利的功能将更为凸显，国民大众对于体育运动的关注程度将进一步提升，不同年龄段的居民群体将获得更多平等地参与体育运动的机会。人民群众对于体育运动的需求呈现出多元化的趋势，年轻人需要更为个性化、与体育明星互动频繁和具有社交属性的体育运动产品，中年人需要时间灵活、业态融合、功能多样的体育运动产品，老年人则需要无障碍、可进入和年龄包容型的体育运动产品。

一、国内体育旅游客源市场特征

（一）体育已经成为国内旅游重要细分市场

从国内旅游的出游目的构成来看，文娱体育健身已经成为国内旅游者出游的重要目的之一，体育旅游已经成为国内旅游的重要细分市场。2021 年城镇国内旅游者以文娱体育健身为出游目的的占到了 2.8%（见图 2－1），农村国内旅游者以文娱体育健身为出游目的的占到了 2.0%（见图 2－2）。体育健身已经成为国内旅游的重要细分市场。

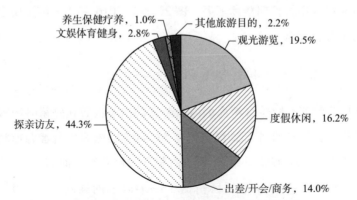

图 2－1　2021 年城镇国内旅游者出游目的构成

资料来源：中国旅游研究院. 中国国内旅游发展年度报告 2022 ［M］. 北京：旅游教育出版社，2022.

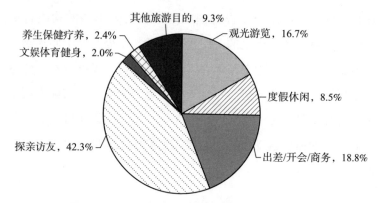

图 2-2 2021 年农村国内旅游者出游目的构成

资料来源：中国旅游研究院．中国国内旅游发展年度报告 2022［M］．北京：旅游教育出版社，2022.

（二）城镇是体育旅游主要客源市场

城镇居民是我国国内旅游的主要客源市场。2021 年城镇旅游者国内出游 23.42 亿人次，占比 72.15%；农村旅游者国内出游 9.04 亿人次，占比 27.85%（中国旅游研究院，2022）。在新型城镇化的战略背景下，我国人口城镇化率稳步提升，2023 年我国人口城镇化率达到 66.2%（国家统计局，2024），我国城镇居民占据国内体育旅游客源市场主体的特征还将长期持续下去。图 2-3 为 2016~2021 年按城乡划分的国内旅游客源市场。

（三）东部地区积蓄体育旅游主要客源

中国旅游研究院综合考虑国内旅游者的出游次数和停留时间等因素后测算得出，2021 年东部地区占据了 51.44% 的国内旅游客源市场，西部地区占据了 24.47%，中部地区占据了 21.57%，而东北地区仅占 2.52%，见图 2-4。东部地区占据了一半以上的国内旅游客源市场，是我国体育旅游的主要客源地和体育旅游市场营销的重点目标区域（中国旅游研究院，2022）。

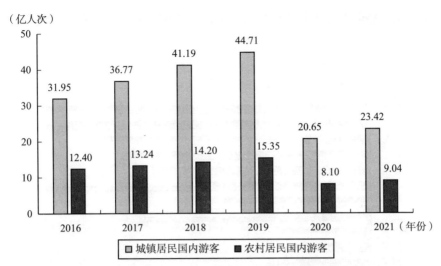

图 2－3 2016～2021 年按城乡划分的国内旅游客源市场

资料来源：中国旅游研究院．中国国内旅游发展年度报告 2022［M］．北京：旅游教育出版社，2022．

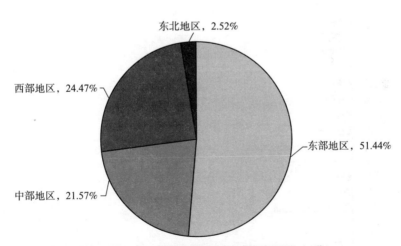

图 2－4 2021 年各地区国内旅游客源市场规模

资料来源：中国旅游研究院．中国国内旅游发展年度报告 2022［M］．北京：旅游教育出版社，2022．

从分省份情况来看，2021 年浙江、重庆、广东、江苏、湖南等省市的国内旅游客源市场规模较大，上海、重庆、浙江、北京、江苏等省市的国内旅游出游率较高（见图2－5）。

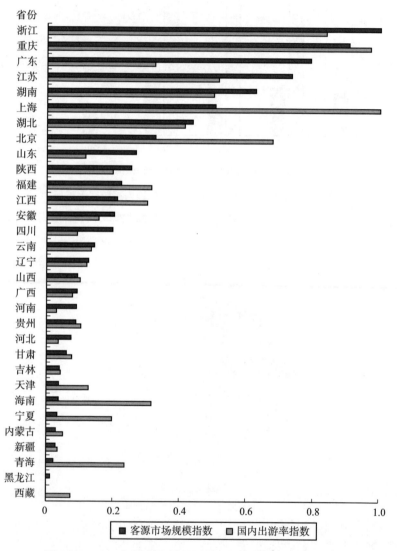

图2－5　2021年国内旅游客源市场规模和国内出游率指数

资料来源：中国旅游研究院．中国国内旅游发展年度报告2022［M］．北京：旅游教育出版社，2022.

（四）青年和老年旅游者成为市场亮点

2021 年我国 45 岁以上的中老年旅游者合计出游 11.94 亿人次，占据了国内旅游客源市场的 36.81%，是我国体育旅游市场的重要客源（见图 2－6）。与此同时，我国 14 岁及以下青少年旅游者增速较快，"一老一小"成了国内体育旅游的亮点，体育旅游与康养、研学等产业融合具有广阔市场前景。

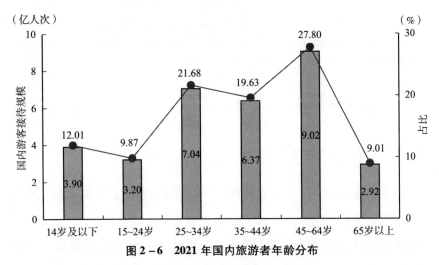

图 2－6　2021 年国内旅游者年龄分布

资料来源：中国旅游研究院. 中国国内旅游发展年度报告 2022［M］. 北京：旅游教育出版社，2022.

（五）国内旅游者呈现出高学历特征

我国国内旅游者呈现出高学历化的趋势。2021 年，具有大专、大学本科、研究生及以上学历的国内旅游者占比为 42.27%。如果仅考虑城镇国内旅游者，高学历旅游者所占比重则高达 50.49%（见图 2－7）。随着国内旅游者的受教育程度不断提高，也必将拉动体育旅游产业提升文化内涵、产品业态和服务品质。

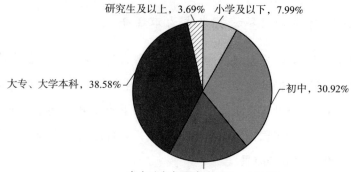

图 2-7 2021 年国内旅游者不同受教育程度占比

资料来源：中国旅游研究院．中国国内旅游发展年度报告 2022［M］．北京：旅游教育出版社，2022.

二、国内体育旅游流动特征

（一）国内旅游客流以省内旅游流动为主

根据中国旅游研究院的跟踪调查，近年来国内旅游客流呈现出显著的本地化、近程化特征。2022 年，近程的省内旅游客流占到了全部国内旅游客流的 81.24%，而远程的省际旅游客流仅占 18.76%（见图 2-8）。

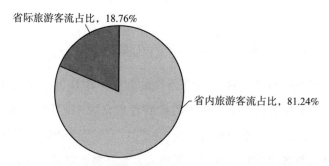

图 2-8 2022 年国内旅游客流中省内和省际旅游客流占比

资料来源：中国旅游研究院．中国国内旅游发展年度报告 2022［M］．北京：旅游教育出版社，2022.

各地区的体育旅游发展首先应该挖掘省内旅游市场的潜力。特别是河北、江苏、安徽、山东、河南、湖北、广东、四川等人口大省，他们也是全国最大的省内旅游客源市场，省内体育旅游的发展具有巨大的市场空间。

（二）省际旅游客流集中在相邻省份之间

我国的国内旅游也表现出相邻省份间互为客源地和目的地的特征。在2022年的全国前100条省际旅游客流中，有81条旅游客流为相邻省份之间的旅游流动，仅有19条旅游客流为非相邻省份之间的旅游流动（中国旅游研究院，2022）。可以结合长城、大运河、长征、黄河、长江等国家文化公园建设，以及青藏公路、丝绸之路、沿海黄金海岸、太行山—武陵山、万里茶道等国家级旅游线路建设，打造纵横交错、各具特色的体育旅游带，充分挖掘区域旅游市场的潜力。

第二节　体育旅游产业供给趋势

进入21世纪以来，体育产业继续保持增长的势头，同时也变得更加全球化、专业化和富有竞争性，全球体育产业处于快速发展转型进程中。据夏季奥林匹克项目国际单项体育联合会总会测算，2019年全球体育产业经济规模达到1694亿美元，比2012年的1237亿美元增长36.9%（ASOIF，2019）。根据咨询公司普华永道《全球体育调查（第七版）》的研究，在新冠疫情消退的背景下，全球体育产业的发展趋势总体乐观，将带动体育旅游等体育产业细分行业快速增长，预计未来3~5年亚洲体育市场将增长6.4%（PwC，2023）。咨询公司麦肯锡发现2024年有90%的体育商品生产商对市场预期保持稳定或乐观，预计2023~2027年亚太地区的运动装备产业年均增长率将达到10%（McKinsey，2024）。

咨询公司德勤认为体育产业在快速增长的进程中，传统的商业运营模式也在不断地发展演变，主要表现在以下六大方面（Deloitte，2023；Deloitte，2024）：（1）从体育产品形式来看，会不断地增加和创新体育运动产品类别，体育竞争的模式也会不断地改变，特别是女性体育产业进入快速增长期；（2）从体育爱好者互动来看，会形成新的体育明星和体育爱好者互动模式，大幅度提升体育爱好者的参赛体验；（3）从体育赛事参与来看，体育爱好者将深度参与体育赛事，体育赛事的竞赛模式和商业模式也将随之创新；（4）从体育产业的绿色发展来看，体育产业的市场主体逐步重视 ESG（环境、社会、治理）理念和可持续发展战略，强调多样化、公平和包容的价值观，会形成更加负责任的体育产业管理和运营模式；（5）从体育产业的投资运营来看，将吸引更为多元化的投资主体，特别是近年来机构投资者大量进入体育产业，提升了相关产业间的组织协同和经营效率，形成了更为多样化的媒体版权商业模式，创造更多的体育、科技和娱乐共同体；（6）从体育产业的组织结构来看，政府管理模式和人力资源结构都将变化。

一、体育旅游空间载体创新

（一）世界级体育旅游线路

《"十四五"旅游业发展规划》指出，我国综合考虑文脉、地脉、水脉、交通干线和国家重大发展战略，推进跨行政区域旅游资源整合利用，加强区域旅游品牌和服务整合，以长城、大运河、长征、黄河、长江国家文化公园和丝绸之路旅游带、沿海黄金旅游带、京哈—京港澳高铁沿线、太行山—武陵山、万里茶道等为依托，构建"点状辐射、带状串联、网状协同"的全国旅游空间新格局，打造一批世界级、国家级旅游线路。

与此同时，《户外运动产业发展规划（2022—2025年）》提出我国冰雪运动将实施"南展西扩东进"战略，山地户外运动将形成"三纵四横"（太行山及京杭大运河、西安至成都、青藏公路，丝绸之路、318国道、长江、黄河沿线）空间布局，与全国旅游空间新格局具有较大程度的重合。在此宏观背景，我国将形成京张体育文化旅游带等一批依托优质资源、具有全球知名度、跨越行政区域、文旅深度融合的世界级体育旅游线路。

（二）国家公园

我国推进以国家公园为主体的自然保护地体系建设，形成自然生态系统保护的新体制新模式。充分发挥国家公园教育、游憩等综合功能，在保护的前提下，对一些生态稳定性好、环境承载能力强的森林、草原、湖泊、湿地、沙漠等自然空间依法依规进行科学规划，开展森林康养、自然教育、生态体验、户外运动，构建高品质、多样化的生态产品体系。建立部门协同机制，在生态文明教育、自然生态保护和旅游开发利用方面，加强资源共享、产品研发、人才交流、宣传推介、监督执法等合作。在此宏观背景下，户外运动将是我国以国家公园为主体的自然保护地体系的重要生态旅游产品。

（三）世界级旅游景区和度假区

"十四五"时期以来，我国建设一批富有文化底蕴的世界级旅游景区和度假区。通过以世界遗产地、国家5A级旅游景区为基础，深入挖掘展示旅游资源承载的中华文化精神内涵，创新发展模式，完善标准指引，统筹资源利用，强化政策支持，保障要素配置，稳步推进建设，打造具有独特性、代表性和国际影响力的世界级旅游景区。通过以国家级旅游度假区及重大度假项目为基础，充分结合文化遗产、主题娱乐、精品演艺、商务会展、城市休闲、体育运动、生态旅游、乡村旅游、医养康养等打造核心度假产品和精品演艺项目，发展特色文创产品和旅游商品，丰富夜间文化旅游产品，烘托整体文化景观和浓郁度假氛围，培育世界级旅游度假区。

参考国外著名旅游景区、旅游度假区的发展轨迹和经验，户外运动、体育旅游、运动康养等产品是旅游景区和度假区的重要业态。在我国旅游景区和度假区从观光旅游向全域旅游转型的过程中，体育旅游是我国旅游景区和度假区向世界级标准迈进的重要突破口和发展抓手。

（四）国家级旅游休闲城市和街区

"十四五"时期以来，我国以满足本地居民休闲生活与外地游客旅游度假需要为基础，培育文化特色鲜明、旅游休闲消费旺盛、生态环境优美的国家级旅游休闲城市。充分利用城市历史文化街区、公共文化设施、特色商业与餐饮美食等资源，加强文物和非物质文化遗产保护利用，突出地方文化特色，优化交通与公共服务设施配置，完善公共文化设施的旅游服务功能，鼓励延长各类具有休闲功能的公共设施开放时间，建设国家级旅游休闲街区。

与此同时，体育爱好者在从事体育运动时，不再过度强调体育运动的专业表现和大量精力投入，而是更为注重体育运动的灵活性、休闲娱乐功能和社交属性，需要在体育运动场所消费餐饮、娱乐、文化和购物等配套性的产品和服务。体育产业从单纯的运动装备和体育运动向包含运动、娱乐、社交、旅行等在内的体育生态转变（McKinsey，2024）。

体育场馆和体育设施为了提高赛后利用效能，也呈现出土地复合利用、产品业态多元的发展趋势，体育场馆与周边的商业和娱乐街区结合在一起，共同建成具有体育运动特色的旅游休闲目的地（Deloitte，2024），进而降低营销费用和获客成本，增加企业收入来源和提高利润率（McKinsey，2024）。国内已经出现了上海徐家汇体育公园、北京华熙 LIVE·五棵松商业街区、北京首钢园等以体育运动为特色的旅游休闲街区，在国家级旅游休闲城市和街区的创建过程中，体育休闲、运动康养等产品都将成为重要的业态。

二、文化体育和旅游深度融合

"十四五"时期，我国继续坚持以文塑旅、以旅彰文的原则，积极寻找产业链条各环节的对接点，以文化提升旅游的内涵品质，以旅游促进文化的传播消费，实现文化产业和旅游产业双向融合、相互促进。

文化、体育和旅游同属"幸福产业"，在我国全面建成小康社会的背景下，体育设施功能的复合化程度、人民群众休闲消费的多样化程度进一步提高，文化、体育和旅游的融合程度将进一步提升。

具体到体育旅游领域，富有文化内涵的体育旅游带建设、旅游景区和度假区的体育运动产品、大型体育场馆的赛后综合利用、文体旅商业街区和综合体建设、"15 分钟"居民休闲生活圈建设、传统体育和非遗文化活态利用、夜间体育休闲经济等将是文化、体育和旅游深度融合的重点领域。

三、智慧体育旅游加速发展

（一）新技术加快在体育旅游领域普及

大数据、云计算、物联网、区块链及 5G、北斗系统、虚拟现实、增强现实等新技术将在体育和旅游领域应用普及，以科技创新提升体育游发展水平。体育旅游业将大力提升科学技术水平，增强体育旅游产品的体验性和互动性，提高服务的便利度和安全性。开发面向游客的具备智能推荐、智能决策、智能支付等综合功能的服务平台和系统工具。

推进全息展示、可穿戴设备、服务机器人、智能终端、无人机等技术的综合集成应用。推动智能公共服务、交互式沉浸式运动体验等技术研发与应用示范。

（二）体育场馆设施加快智慧化转型

我国鼓励各地区因地制宜建设特色化的智慧体育场馆和旅游景区。通过科学推进预约、限量、错峰旅游，促进体育场馆和旅游景区实现在线、多渠道、分时段预约，提高管理效能。通过建设体育场馆和旅游景区的监测设施和大数据平台，健全智能调度应用，促进资源高峰期合理化配置，实现精确预警和科学导流。普及体育旅游目的地的电子地图、线路推荐、语音导览等智慧化服务，提高使用服务的便捷性。运用数字技术充分展示特色体育文化内涵，提升体育旅游者的参观游览体验。

（三）体育产业加快线上线下融合

近年来，体育观众观看体育比赛的方式迅速改变，他们需要更具弹性的观看方式。传统到现场和通过电视观看体育比赛的人数在相对减少，而更多的体育观众通过线上各种媒体平台来观看体育比赛。体育明星与体育爱好者通过线上媒体平台的互动进一步增加，他们共同处于泛媒体平台和娱乐生态系统中，体育明星也因此具备了更多的曝光度和市场影响力（Deloitte，2024）。随着大量的机构投资者和赞助商进入体育产业，特别是非传统的媒体平台和高科技企业进入体育产业，他们也希望能够更多地挖掘体育爱好者的偏好和行为数据，探索新的市场机会，增强产业间的协同合作，创新体育商业模式（PwC，2023）。通过体育赛事的融合发展，可以在组织者、转播者、投资者、赞助商、主办城市之间形成良性的合作关系（ASOIF，2019）。

（四）挖掘体育旅游大数据综合效能

我国探索建立文化旅游、体育、交通运输、统计、市场监管、金融、工业和信息化等部门数据共享机制，整合共享文化、旅游和体育各信息系统，健全体育旅游统计指标体系，提高体育旅游统计的准确性、科学性，深化体育旅游统计应用和大数据决策支撑，加强体育旅游产业运行监测，提升旅游监管和信息公共服务水平。

（五）体育旅游智慧化重点研究领域

（1）开展云体育、云展览、云娱乐、线上演播、数字艺术、沉浸式体验等新兴业态的内容生成、定制消费、智慧服务和共治管理的关键技术研究，支持新形态数字艺术关键技术与工具研制，培育数字文化产业新业态。

（2）推进预约、错峰、限量常态化技术研究，研发自主预约、智能游览、线上互动、资讯共享、安全防控等一体化服务和用户智能管理的综合平台，开展基于大数据、人工智能的旅游"智慧大脑"应用示范。

（3）研究体育旅游消费智能追踪与分析技术，推动文化、体育和旅游融合的大数据营销推广技术研发与应用示范，研制新兴体育旅游资讯传播平台系统。

（4）开展体育场馆、旅游景区、度假区、休闲城市和街区的智慧化服务技术研究；研究5G、大数据、人工智能、物联网、区块链等新技术在各类文化、体育和旅游消费场景的应用。

（5）研发体育运动类、休闲体验类、游艺游乐类高端旅游系统装备和专用材料；开展邮轮游艇、自驾车（旅居车）、低空飞行、游艺游乐装置等装备和设施研制；推进夜间文化、体育和旅游产品装备关键技术研发；研发面向冰雪旅游、海岛旅游、山地旅游专用装备及高海拔地区特殊体育旅游装备；推动体育文化创意产品开发与现代科技融合发展。

四、提升体育旅游服务质量

（一）建立以游客为中心的旅游服务质量评价

我国大力实施旅游服务质量评价体系建设工程，建立以游客为中心的旅游服务质量评价体系，形成科学有效的服务监测机制。通过开发旅游服务质量评价系统、制定完善评价模型和指标、推广和拓展评价体系应用场景，最终建立系统完备、科学规范、运行有效、覆盖服务全流程的旅游服务质量评价体系。在此宏观背景下，体育旅游的服务质量也将得到显著提升。

（二）大力建设全龄友好型体育旅游环境

在积极应对人口老龄化的背景下，我国实施体育场馆和旅游服务的无障碍改造，大力建设无障碍旅游环境。在体育场馆、旅游服务中增加文化元素和内涵，体现人文关怀。充分考虑特殊群体需求，健全无障碍旅游服务标准规范，加强老年人、残疾人等便利化旅游设施建设和改造，认真贯彻落实《中华人民共和国无障碍环境建设法》。体育场馆、旅游景区等开展预约服务的同时，将保留人工窗口和电话专线，为老年人保留一定数量的线下免预约进入或购票名额，提供必要的信息引导、人工服务。

第三章

体育旅游发展战略思路

本章将遵循"问题导向"的研究方法，在分析制约我国体育旅游发展的六大因素基础上，提出了保障国民体育运动时间、构建全域户外运动休闲空间、构建满足居民需要的体育健身设施、开发大众化体育旅游市场、实现目的地可持续发展等促进我国体育旅游发展的战略路径。

第一节 体育旅游发展制约因素

在体育产业和旅游产业上升成为国家战略并快速发展的背景下，我国的体育旅游已经获得了长足的发展。但是，仍有诸多制约因素阻碍我国体育旅游的进一步发展，具体来看主要包括以下几大方面。

一、居民体育运动时间受到挤占而减少

普通居民一天的 24 小时可以分为工作时间、家务劳动时间、个人护理时间和休闲时间等四大类，体育运动、康养健身等休闲活动主要利用休闲时间开展。居民参加体育休闲、体育旅游的重要前提是需要具有

充足的休闲时间，否则就算有再强的体育运动意愿或者再好的体育旅游设施也不可能成行。但是，我国居民的休闲时间总量状况却不容乐观。

发达国家劳动者工作时间随社会发展而持续减少。1970～2022 年，OECD 国家全职劳动者的年工作时间总量从 2029 小时下降到了 1752 个小时。其中，2022 年位于欧洲的德国、法国和英国全职劳动者工作时间仅为 1341 小时、1511 小时和 1532 小时。日本和美国 2022 年全职劳动者的工作时间也仅为 1607 小时和 1811 小时。2009 年德国、英国和美国居民年休闲时间分别为 2190 小时、2050 小时和 1900 小时，OECD 国家的平均水平则为 1892 小时（OECD，2024）。

根据中国旅游研究院测算，2012～2017 年我国城镇劳动者的工作时间显著增加，日均工作时间从 2012 年的 8.13 小时增加到 2017 年的 8.23 小时，相应的年工作时间从 1968 小时增加到 1992 小时。农村劳动者的工作时间则稳定在较高水平，我国农村劳动者年劳动时间从 2012 年的 2502 小时略微减少到 2017 年的 2495 小时，显著多于城镇劳动者（中国旅游研究院，2018）。我国城乡劳动者的年工作时间显著多于发达国家劳动者。

2012 年我国城镇和农村居民分别有 1774 小时和 1766 小时的休闲时间。2017 年城镇和农村居民的年休闲时间分别减少为 1407 小时和 1441 小时，减少幅度分别为 20.7% 和 18.4%。2012～2017 年，城镇居民工作日、周末和节假日的日均休闲时间分别减少了 1.25 小时、0.58 小时和 0.38 小时，农村居民农忙和农闲时节的日均休闲时间分别减少了 0.94 小时和 0.83 小时。与发达国家相比，我国居民年休闲时间总量有较大差距（中国旅游研究院，2018）。

2012～2017 年，我国居民休闲时间快速减少、工作时间稳中有升，社会发展并未直接带来休闲时间增加，与发达国家差距不断拉大。据调查，有 71.4% 的城镇居民和 66.0% 的农村居民表示"工作时间过长，工作过于劳累"是制约休闲质量提升的最主要因素（中国旅游研究院，

2018）。造成我国居民休闲时间不足的原因是复杂的，是我国处于特定经济社会发展阶段的产物。具体来看，主要包括以下三大方面的原因：

首先，较长的工作时间挤占了休闲时间。我国处于经济社会转型期，多数劳动者将就业并获取报酬的权利放在休闲权利之上，同时我国劳动关系矛盾进入凸显期和多发期，劳动者在劳资关系中处于相对弱势地位，因此劳动者往往主动或被动地延长工作时间。

其次，繁重的家务劳动进一步占用休闲时间。我国的学前教育和长期照护公共服务体系尚不健全，照顾儿童、老人和病人的重担更多地落到家庭成员（特别是女性成员）身上，成为城乡居民在工作之余的生活负担。

最后，我国劳动者享受的法定带薪年休假天数少于发达国家劳动者，且实际落实率较低。虽然我国《国民旅游休闲发展纲要（2022—2030 年）》《职工带薪年休假条例》等法规制度将休息休假权利作为职工基本权利，但带薪年休假的实际落实率较低，劳动者每年能享受的带薪休假天数有限，既制约了劳动者的每年休假总天数，又导致旅游者在公共节假日集中出游造成旅游过载和景区拥堵等问题。

二、尚未形成网络状户外运动休闲空间

2012～2017 年，我国城镇居民居家休闲比重不断降低，户外休闲比重持续增加，休闲空间范围不断扩大，远距离休闲（离家 10 千米以上）比重增长迅速。2012 年城镇居民工作日、周末和节假日（国庆黄金周）的居家休闲比重分别为 50.7%、39.1% 和 34.5%，到了 2017 年相应比重分别下降为 42.8%、23.6% 和 18.4%，更多城镇居民到户外享受休闲活动。2012 年城镇居民工作日、周末和节假日远距离休闲比重分别为 4.3%、10.8% 和 26.0%，到了 2017 年相应比重上升至5.1%、13.0% 和 37.1%，旅游景区、乡村郊野和生态空间成为城镇居

民的重要休闲空间（中国旅游研究院，2018）。

农村居民的休闲空间主要局限于家庭内部，但近年来在脱贫攻坚和全面建成小康社会的背景下，农村居民户外休闲比重不断增加，远距离休闲进入快速增长期。农村居民农忙时节户外休闲比重从 2012 年的 26.9% 上升到 2017 年的 34.8%，农闲时节户外休闲比重从 2012 年的 42.4% 上升到 2017 年的 46.5%。值得我们重视的是，农村居民远距离休闲比重长期低于 2%，但近年开始快速增长，特别是农闲时节远距离休闲比重从 2015 年的 2.0% 猛增到 2017 年的 8.2%（中国旅游研究院，2018）。随着小轿车在农村居民家庭逐步普及，城市旅游、户外运动和体育休闲等成为农村居民的重要休闲方式。

随着我国城乡居民休闲空间不断扩大，城乡居民参与体育健身活动的空间范围也随之不断扩大，居民们开始在更大的空间范围内进行体育旅游、户外运动和健身康养等休闲活动。但是，总体来看，我国的户外运动休闲空间呈现出点状零散分布的特征，没有串联形成网络状空间体系，慢跑、徒步、骑行、骑马、低空飞行等线性体育健身活动难以开展。总体而言，制约我国户外运动休闲空间体系完善的主要因素包括以下三大方面：

首先，城市居住空间和休闲空间存在错位。我国城市土地的多功能使用效率不高，体育场地设施的分布密度较低、规模等级体系不健全、全民健身空间总体不足，全民健身场地设施建设存在"短板"，导致部分居民离全民健身设施较远，难以通过步行便捷地开展全民健身活动。

其次，郊野生态空间可进入性不强。我国城市郊野有广阔的森林、草原、湖泊、农田、山岳、沙漠、冰雪等生态空间，但这些空间中的多数优质资源已被开发为旅游景区并收取门票，对于日常频繁体育健身的旅游者而言经济负担较重，其他郊野生态空间则可进入性不强，并未从郊野生态空间转变为户外运动空间，少数"驴友"强行"探野路"则形成巨大的安全隐患。

最后，城乡体育休闲空间呈点状分布，并未通过街道或绿道串联形成网络状户外运动空间体系，缺乏体育旅游线路和体育旅游带。街道是城市最重要的公共空间，我国城市街道侧重于机动车交通功能，徒步休闲和慢行交通功能配套不足。近年来流行的城市漫步（City Walk）、城市骑行、马拉松等正是依托城市街道开展，对城市街道的运动休闲功能提出了更高要求。我国郊野的绿道设施较少，既难以解决郊野生态空间的可进入性问题，又不能串联郊野的重要旅游资源形成体育旅游线路，导致我国户外运动休闲空间总体不足。

三、体育旅游服务供给不匹配游客需求

2012~2017年，我国城镇居民旅游比重持续增加，文化娱乐、体育健身、餐饮购物比重相对稳定，家庭休闲比重不断降低。2012年我国城镇居民在工作日、周末和节假日选择旅游的比重分别为1.1%、4.3%和20.2%，到了2017年相应比重已达到8.4%、22.1%和42.2%，旅游这种异地休闲方式已成为增长最为活跃的部分。2012年我国城镇居民在工作日、周末和节假日选择看电视、上网、闲聊等家庭休闲活动的比重分别为51.1%、38.8%和33.3%，到了2017年相应比重分别下降为42.6%、26.3%和24.8%。城镇居民的休闲活动正在从"消极"向"积极"转变，休闲活动带来的消费、养生、健康、文化、社交、教育等经济社会功能也在不断增强（中国旅游研究院，2018）。

我国农村居民选择旅游的比重快速增加，越来越多的农村居民参加户外文化体育活动。2012~2017年，农村居民选择旅游作为休闲活动的比重有所增加，农忙和农闲时节旅游所占比重分别从2012年的0.9%和1.4%增长到2017年的2.3%和8.7%。相应地，2012年我国农村居民在农忙和农闲时节选择家庭休闲的比重分别为73.7%和68.2%，到了2017年相应比重下降为73.2%和62.6%。农村居民休闲也在向"积

极"方向转变，农忙时体育健身、农闲时旅游购物开始成为时尚的生活方式。但与城镇居民相比，农村居民的休闲活动多样性和休闲消费能力仍显不足（中国旅游研究院，2018）。

随着我国城乡居民的休闲方式从"消极"向"积极"转变，越来越多的城乡居民选择了体育健身、运动康养等作为休闲活动，我国体育旅游的市场不断扩大，迎来了快速发展的机遇期。但是，在体育旅游需求快速增加的背景下，我国体育旅游的供给却没有完全跟上节奏，导致供给和需求相脱节，很大一部分体育旅游需求没法得到有效满足。具体来看，导致体育旅游供给发展滞后的原因主要包括以下三大方面：

首先，缺乏统一的体育旅游发展规划。体育旅游设施由体育、文化和旅游、住房和城乡建设、自然资源、农业农村、园林绿化、商务等部门分别规划建设，缺乏必要的顶层设计和部门协调，可能导致重复建设或服务缺位，难以应对统一的人民群众体育旅游需求。

其次，体育场地设施规划设计缺乏公众参与和需求调查。体育健身设施的类型和功能较为复杂，并且受技术影响而更新换代的速度较快，如果依照全国统一标准"自上而下"地规划建设，忽视了居民需求、地域环境、文化传承，则可能与人民群众的体育运动需求出现脱节。

最后，公共体育资源的商业开发导致居民难以进入。很多原本开放的公共体育资源被企业过度开发，企业为收回投资又收取高额门票，体育健身活动具有重复性和频繁性的特点，对于居民每周都享受的体育健身资源，门票每年就会带来上千元的沉重负担，陷入体育健身资源越开发居民越无法进入的怪圈。

四、体育旅游目的地的组织领导体系薄弱

体育旅游目的地发展是战略性和技术性极强的艰巨任务。体育旅游目的地发展既不单纯是体育或文化和旅游行政管理部门能够解决的问

题，也不能仅依靠政府力量来建设，而必须整合多个行政管理部门的功能，并借助上级政府、私营企业、社会组织、本地居民等力量，形成体育旅游目的地发展的组织领导和战略合作体系，凝聚体育旅游目的地发展的强大社会合力。

但是，我国很多地区不具备体育旅游目的地的研究、规划、开发、建设和管理能力。上级政府常常没有认识到体育旅游产业的重要性，也未意识到体育旅游目的地建设是一项综合性的系统工程，而将体育旅游发展的重任简单地推给体育或文化和旅游部门，最终导致许多任务无法落实。

综上所述，体育旅游目的地建设是一项艰巨的系统工程，仅靠基层政府的组织领导能力是难以完成的，必须整合形成全社会合力。但是，很多地区尚未建立起体育旅游目的地发展的组织领导和战略合作体系，仅有体育、文化和旅游部门在呼吁却又缺乏实在的工作抓手，尚未充分调动企业、社会组织、本地居民的力量参与到体育旅游目的地的建设过程中去，最终制约了体育旅游目的地的发展。

五、农村地区的基础设施和公共服务不足

国外的体育旅游目的地是在城乡一体化的背景下发展起来的，城市和乡村的区别在于人口密度、自然景观、生活方式等的不同，两者间的发展程度、收入水平、公共服务、基础设施、生活质量等的差异相对较小。因此旅游者从城市到乡村后，能够在保持原有生活水平的基础上充分发掘乡村的体育健身和户外运动特质，进而享受积极健康的生活。

中国的体育旅游目的地发展则面临着城乡差距的现实背景，农村的发展水平、公共服务、基础设施、旅游设施、商业配套等与城市有较大的差距，旅游者日常生活所依赖的交通、医疗、文化、教育、购物、娱

乐等服务难以依靠镇村充分供给，影响了体育旅游者的生活品质和安全感。

在此背景下，我国很多地区采用新建封闭型体育旅游综合体的方式，在农村地区嵌入一块发展水平相对较高的城镇"飞地"，新建"高尔夫小镇""滑雪度假区""低空飞行小镇""户外露营地"等。开发商以企业行为替代公共服务，在社区内部配套了完善的交通、医疗、文化等服务，使旅游者在农村生活的同时也能享受到城市的各种便捷服务。这固然是城乡差距现实背景下发展体育旅游的可行模式，但是人为割裂体育旅游者与本地居民的生活空间，既加重了两个群体间社会整合的难度，也削弱了体育旅游发展对当地带来的正面经济效益。

六、缺乏体育旅游目的地可持续发展管理体系

我国的体育旅游目的地大多位于森林草原、滨海河湖或者自然保护地，这些地区的生态较为脆弱，环境承载力较低，自然景观容易受到人造设施的破坏。但是，由于这些地区的可持续发展管理体系薄弱、基础设施配套严重不足，导致我国很多体育旅游目的地发展存在不可持续的问题。很多体育旅游目的地缺乏基本的污水和生活垃圾处理设施，体育旅游者涌入后产生的废弃物只能直接排入生态环境中。体育旅游者季节性波动的特征，更是加剧了旺季对于体育旅游目的地短期的冲击。很多地区在发展体育旅游目的地过程中缺乏统筹规划和高水平设计，体育旅游设施的建设往往以破坏生态景观为代价，最终建成的整体效果凌乱不堪。体育旅游目的地的无序建设，势必将影响体育旅游目的地发展的长期可持续性，也不利于提升体育旅游者和当地居民的生活质量。

第二节 体育旅游发展战略路径

我国的体育旅游产业还处于培育发展期，针对上一章提出的诸多问题，可以借鉴国际成功经验并结合我国国情来提出战略发展思路。

一、构建国民体育运动时间保障体系

随着我国经济增长从要素和投资驱动变为技术和创新驱动，休闲在居民生活质量提升和创新型社会建设中的作用进一步凸显。各级政府应该培育居民的自主休闲意识，宣传休闲的重要功能，积极营造和引导休闲舆论环境，促使居民从传统的、自发的、消极的休闲方式向现代的、自觉的、积极的休闲方式转变。

各级政府应将国民休闲当作满足人民美好生活新需要的重要内容来积极发展，积极构建和谐的劳动关系，落实《国民旅游休闲发展纲要（2022—2030 年）》《职工带薪年休假条例》等法规制度，将休息休假权利作为职工的基本权利贯彻下去。可以加强带薪休假落实情况监督检查，将休息休假权利纳入单位的集体协商和集体合同制度中，全体职工整体与单位进行协商，增强职工在制定和实施休息休假制度中的话语权。可以鼓励建立包括工会和企业联合会、工商业联合会等企业代表组织在内的第三方组织，与职工和单位一起形成协调休息休假的三方机制，协商保障职工休闲权利。

各级政府还应进一步完善我国的学前教育和长期照护公共服务体系，探索建立长期护理保险制度，缓解繁重家务劳动给居民带来的压力。发达国家针对符合条件的家庭照护者提供了喘息式照护服务、带薪休假权利、经济报酬等公共服务，可供我国参考借鉴。

二、构建覆盖全域的户外运动休闲空间

在以人为核心的新型城镇化发展理念指引下，我国城市人口密度不断加大、城市化率持续提升，2023 年我国城市化水平已达 66.2%（国家统计局，2024）。在此背景下要提升城市宜居性，休闲游憩空间的合理布局至关重要。城乡规划应更加重视体育健身内容，将休闲游憩规划纳入"多规合一"框架。增强土地的多功能使用程度，合理布局和匹配居住空间和休闲空间，鼓励封闭住宅小区开放并共享体育休闲设施，鼓励各级学校开放体育设施，让居民在 15 分钟的步行距离之内能便利地享受到各种体育健身设施。

各级政府应该增强郊野生态空间的可进入性，在保护生态环境的前提下让居民能够最大限度接近自然，安全舒适地开展徒步、登山、骑车、骑马、露营等体育健身活动，让广阔的郊野生态空间成为居民能够亲近的体育健身空间。

各级政府应积极构建网络状体育健身空间体系，最大限度拓展体育健身空间，增强体育健身空间的连通性和渗透度。在城市增强街道的休闲功能、丰富临街休闲设施，建设行人友好的街道，鼓励步行和骑行，结合街区制发展缩小街区规模、提高街道网络密度，将街道网络建成城市最重要的公共休闲空间。在郊野地区大力加强绿道建设，构建覆盖全国不同功能和等级的绿道网络体系，以大幅度拓展体育健身空间，增强户外体育健身资源的可进入性，串联主要户外体育健身设施。增加带状体育健身空间，满足徒步、慢跑、自行车、骑马等线性体育健身活动的需求。

三、构建满足居民需要的体育健身设施体系

我国的城市规划长期以来"重生产、轻生活",城市总体规划长期忽视了城市的休闲游憩功能。各种体育健身资源由其主管部门分别规划,难以全面满足居民体育健身需求。发达国家大多编制了户外休闲游憩规划,从居民的体育健身需求出发,整合文化和旅游、农业农村、自然资源等部门的体育健身资源,形成户外体育健身发展的顶层设计方案。我国各级政府也应在编制全域旅游发展规划的基础上,实现"体育+旅游"融合发展,整合各部门不同类型的体育健身资源,形成满足居民体育健身需求的统一解决方案。

我国体育健身设施在规划建设前应该充分调查目标社区居民的休闲需求,在此基础上选择合适的解决方案,避免采用全国"一刀切"的规划标准,也不应采用"自上而下"的规划方法。体育健身设施由于种类功能复杂多样、产品更新换代迅速,在规划建设过程中更应当依赖公众参与,通过"自下而上"的方式来确保方案确实符合居民需求。

体育运动需求与观光旅游需求有所不同,是居民在惯常环境内的日常生活需求,因此具有频繁性重复性的特点,微弱的价格上涨就会给居民带来沉重负担。从发达国家的实践来看,开放、共享是公共体育健身设施的显著特征,很多已实现免费。政府应切实保障公共体育健身设施的公益属性,防止企业以开发的名义将公共体育运动资源商业化或私有化,保障居民使用公共体育健身设施的权利。

四、综合性推动体育旅游目的地发展

体育旅游目的地的发展是一项综合性的系统工程,仅靠一个政府部门或一个企业的能力是难以完成的,需要各部门的综合性推动形成合

力。应该在现有体育、文化和旅游行政管理体制的基础上，建立由各相关部门配合的体育旅游目的地发展协调机制，全面解决制约体育旅游产业快速发展的各项问题。在省、市、县各级政府推动体育旅游目的地发展的同时，更要重视提升乡、村级行政机构对于体育旅游目的地的直接组织领导能力，形成各级政府相互配合的体育旅游目的地发展综合支持体系。

体育旅游目的地发展也绝非仅靠政府力量就能完成，国内外的成功经验显示，企业和社会组织在体育旅游目的地的发展过程中扮演着至关重要的角色。我国长期以来将体育健身当作一项社会福利事业，由政府以公共服务的方式提供，导致体育健身的覆盖人群较窄、内容形式单一。体育旅游服务具有较强的市场属性，应该积极引入企业力量进行开发。但是，体育旅游业与政府提供的全民健身、公共文化、休闲游憩等公共服务有所交叉，因此政府又不能将这个行业完全交给市场，而应该对其加强监管，同时积极引入社会组织参与体育旅游目的地的运营管理，以维护体育旅游者的各项权益。

体育旅游目的地的发展还需要得到目的地社区居民的认同。体育旅游者能通过餐饮、住宿、购物、娱乐等消费拉动地方经济增长，增加目的地的就业岗位，提高当地居民收入。但是，也有部分社区居民在承受了体育旅游者导致的物价上涨、公共服务挤占、环境污染等负面影响后，却未获得其带来的经济利益，政府应该在维护社会公平、为弱势群体构筑社会安全网络、消除旅游者与本地居民间的矛盾、促进两个群体融合等方面发挥积极作用。

五、以体育旅游目的地建设推进乡村振兴发展

我国农村地区长期劳动力外流导致"空心化"，农村剩下大量的留守老人和儿童，农村的老龄化率显著高于城市地区，这又进一步削弱了

农村地区的产业发展基础。体育旅游业是可持续发展的绿色产业，能够创造大量的就业岗位，增加农村居民的收入，促进乡村地区振兴发展。国外很多农村地区已经通过建设"高尔夫小镇""马术小镇""滑雪度假村""徒步营地""露营基地"等方式，把发展体育旅游产业当作乡村振兴的重要战略，成功实现了经济发展方式的转型升级，并吸引了中青年劳动者常住。国内很多地区还未充分认识到体育旅游业的重要性和增长潜力，各级政府应该对有潜力的体育旅游目的地进行积极培育引导，为其规划、建设、营销、管理体育旅游目的地提供技术支持，真正发挥体育旅游业在乡村振兴过程中的战略性作用。

有的观点认为体育旅游者会挤占乡村地区原本已经非常薄弱的基础设施和公共服务，其实应该把体育旅游者及其带来的税收和消费当作提升乡村地区基础设施和公共服务的重要依托。我国体育旅游目的地建设面临城乡差距突出的背景，这是我国与发达国家发展路径的重要区别，也是我国体育旅游目的地建设的重要挑战。应当以城乡统筹发展的视角来促进体育旅游目的地建设，以体育旅游发展来带动农村地区人均收入、公共服务、基础设施、思想观念的发展，以农村发展水平的提高来增强体育旅游目的地的吸引力，最终促进乡村振兴发展。

六、积极开发大众化体育旅游市场

我国很多体育旅游目的地在建设过程中往往走高端路线，只重视高收入群体、精英运动员的体育旅游需求，而忽视了大众体育旅游市场，经过一段时间后发展就遇到了市场瓶颈。在我国全民健身和大众旅游市场发展的背景下，体育旅游目的地应该找准市场定位，积极开发大众体育旅游市场。大量体育旅游者的聚集，能够形成消费的规模经济，能够共同支撑起大规模、成体系、多样化的体育旅游设施，反过来又进一步促进了体育旅游目的地的建设。

我国体育旅游目的地的发展还不应仅局限于国内目标市场，应该积极鼓励入境体育旅游发展。特别是与我国相邻的日本、韩国、俄罗斯等国家居民有较强的体育消费能力，是一个庞大的体育旅游市场。我国可以研究针对国外体育旅游者的行为规律和消费偏好，推出越野、马拉松、高尔夫、滑雪、帆船、赛车等入境体育旅游产品。

七、实现体育旅游目的地可持续发展

要促使体育旅游业长期发挥良性的经济社会效益，还应实施体育旅游目的地可持续发展战略。首先，应该在生态环境保护上推动可持续发展，体育运动资源和优美生态环境是体育旅游最重要的吸引物，如果资源环境遭到破坏，体育旅游目的地也就无从谈起。我国大多数体育旅游目的地位于郊野乡村或自然保护地，这些地区的生态环境脆弱、环境容量较小、污染物处理能力较弱，在大量体育旅游者涌入以后，往往难以有效处理旅游产生的各种废弃物，生态环境面临遭受破坏的风险。因此，应将生态环境保护放在体育旅游目的地可持续发展的首要地位。

其次，应该从体育旅游目的地的规划设计上推动可持续发展。我国体育旅游目的地大多缺乏专项规划，城市规划或旅游规划中缺少针对体育旅游、户外运动的详细规划内容，导致我国体育旅游目的地在发展过程中重视单个项目审批却忽视区域整体功能，存在项目低水平竞争、精品项目稀缺、区域整体功能不配套、体育旅游产品多元化程度不足等问题，导致大量的体育旅游项目占据了最优质的资源却未产生应有的效益，体育旅游目的地存在无序发展情况。各级政府部门和学术界应该加强对体育旅游发展规律的科学研究，推动体育旅游目的地的区域总体规划和项目详细设计工作，将体育旅游者和本地居民的需求反映到体育旅游产品和服务体系之中，以促进体育旅游目的地的可持续发展。

第四章

体育旅游发展政策建议

在体育产业和旅游产业上升成为国家战略并快速发展的背景下，我国的体育旅游已经获得了长足的发展。但是，仍有诸多制约因素阻碍我国体育旅游的进一步发展，具体来看主要包括以下几大方面。

第一节　增强体育旅游吸引力

一、打造世界级体育旅游项目

《中华人民共和国国民经济和社会发展第十四个五年规划和2035年远景目标纲要》《"十四五"旅游业发展规划》都提出了要"建设一批富有文化底蕴的世界级旅游景区和度假区"。以世界级为标准，提高旅游景区和度假区的科技水平、文化内涵、绿色含量，增加创意产品，发展融合业态，提供高质量、精细化的旅游服务，实现旅游景区和度假区品质化发展。

在创建世界级旅游景区和度假区的过程中，可将体育运动项目作为核心旅游产品来建设，发展体育文创产品和体育旅游商品，丰富夜间体育休闲产品，营造世界一流的旅游吸引力、游客满意度、旅游产品体系、旅游知名度，打造传统体育文化景区、运动休闲主题度假区等具有浓郁体育特色的世界级旅游项目。

二、构建体育旅游产品体系

依托优质体育旅游项目建设，实施体育旅游产品全体系发展战略。发挥财政资金导向和撬动作用，打造一系列具有国际竞争力的体育旅游企业和具有国内外影响力的体育旅游产品。结合赛事观众型、赛事参与型、休闲娱乐型、文化遗产型等体育旅游产品分类（Hinch et al.，2014），鼓励发展体育休闲度假、体育研学旅游、体育竞赛观赏、体育赛事参与等重点体育旅游产品。

（一）体育休闲度假产品

推进陆域、水域、海域、空域多类型体育休闲度假项目。依托山岳、海洋、湖泊、森林、农田、草原、沙漠、冰雪等生态资源，通过多类型发展、分类别指导，促进体育休闲度假与全域旅游深度融合，将"绿水青山""冰天雪地"等生态空间打造成为全国人民体育休闲和运动康养的广阔空间。

结合市县、乡镇、行政村等三级全民健身设施网络建设，在郊野、农村、生态空间、自然保护地等地区开展更多的体育旅游活动。鼓励郊野公园提供体育休闲、户外运动和房车露营等服务，满足群众就近就便开展体育运动的需求。鼓励在农村节庆活动中增加传统体育、农事体验、运动康养等项目。鼓励在户外运动基地配套建设游客服务中心、停车场、旅游厕所、观景平台等旅游设施。推动在郊野生态空间完善配套户外运动设施，开展多种体育旅游活动。鼓励国家公园等自然保护地开展登山、徒步、自行车、冰雪、骑马、水上等生态旅游活动。

结合城市社区"15分钟健身圈"建设，开发城市体育休闲度假产品。提升城市大型体育场馆的赛后利用和面向市民服务的水平。支持建设室内攀岩馆、室内滑冰馆、室内潜水馆、室内滑雪场等新型室内体育场馆，开发室内体育健身和运动康养产品。鼓励城市利用街道、绿道和慢行交通系统等开展徒步、自行车、慢跑、马拉松、定向越野等户外运动。加强虚拟现实、增强现实等新型技术应用，打造沉浸式体育运动体验空间，实现体育运动场景感知化、运动体验数据化、运动展示互动化、运动社交情境化。

（二）体育研学旅游产品

围绕"健康中国"和"体育强国"等国家战略目标，辐射带动面向大众的体育研学旅游发展。创新建立体旅文教结合管理体制，通过将旅游景区和度假区等旅游项目与体育研学训练基地结合，丰富体育研学旅游基地的产品供给和设施配套，建设大众化、特色化的体育研学旅游基地。

与国际旅游组织、国际体育组织、旅行社、研学机构、体育俱乐部等展开战略合作，加强体育研学旅游相关行业人才队伍建设，加快培养高素质复合型的体育研学管理人才，科学引进国外先进的青少年体育培训体系、老年人体育运动康复体系，为体育研学旅游发展储备人才。创新推出全民性的体育训练、培训以及旅游休闲活动，发展国民体育研学旅游基地、国民运动康养度假基地。抓住"双减"政策实施机遇，完善各级各类青少年体育赛事体系，鼓励旅游目的地为学校体育课外训练、体育竞赛和体育活动等提供服务，大力发展青少年体育研学旅游产业。依托体育科技馆、体育博物馆等建设，创新开发集教育功能、训练功能和娱乐功能于一体的体育科普产品。

（三）体育竞赛观赏产品

构建以体育竞赛活动为核心，体育场馆设施完善、产品体系完善、组织管理协调、媒体传播广泛的体育竞赛产业生态系统。推进高规格、综合性的体育场馆设施建设进程，打造集赛事服务、体育训练、全民健身、运动康复、休闲娱乐等功能于一体的，高科技、现代化的体育竞赛场馆，强化体育竞赛活动的配套服务保障。打造全国体育竞赛活动统一管理平台，统一管理竞赛活动引进、竞赛活动命名、竞赛活动举办、竞赛活动推广等事宜，加强与智慧旅游管理平台的对接和融合。大力促进体育旅游媒体传播，在报纸、电视、电台等传统旅游媒体和微博、微信、抖音、小红书等旅游新媒体平台中增加体育旅游板块与内容，拓展体育竞赛活动的传播渠道，增强体育旅游的影响力。

积极发展体育竞技观赏旅游。以政府引导、市场主导、全民参与为原则，鼓励旅游目的地建立不同级别（国际级、国家级、市级、区县级）、不同季节、不同类别的体育运动赛事体系。推动各体育旅游目的地开展"一地一品"乃至"一地多品"的特色体育赛事活动，加速培育自主品牌体育赛事，推进体育赛事活动从量的扩张向质的提升转变。结合旅游节庆活动培育群众喜闻乐见的体育运动赛事，争取体育旅游目的地做到季季有赛事、月月有活动。依托体育运动赛事实现文体旅融合发展，打造"体育赛事＋全域旅游＋传统文化＋全民健身"的多元融合发展的品牌体育赛事活动。

（四）体育赛事参与产品

推动体育赛事全民参与，大力发展群众基础广泛、市场发育较好的赛事参与型体育旅游产品。与国际体育赛事协会、国际旅游组织建立长期合作机制。创新多元办赛模式，提升、培育和引进赛事参与型旅游产品，逐步形成高尔夫、自行车、足球、篮球、排球、轮滑、乒乓球、马拉松、皮划艇、射箭等大众体育品牌赛事。推动大众业余系列赛事品牌化、市场化、规范化发展，鼓励围绕体育赛事建立文化和旅游产品体系配套。探索依托大众体育俱乐部促进大众业余系列体育赛事发展的路径和机制。促进体育赛事参与旅游与健康、教育、文化、养老等产业融合发展，加快培育体育旅游新产品。积极组织"村超""村 BA"等草根体育联赛，培育大众竞技体育发展新形态。

三、优化体育旅游空间布局

综合考虑文脉、地脉、交通干线和国家重大发展战略，统筹生态安全、体育事业、旅游产业和文化发展，以长城、大运河、长征、黄河、长江国家文化公园和丝绸之路旅游带、长江国际黄金旅游带、青藏公路和川藏公路旅游带、茶马古道、太行山—武陵山、万里茶道等为依托，加强跨区域旅游品牌和服务整合，构建"带状串联、网状协同"的山地体育旅游空间新格局。

冰雪体育旅游深入实施"南展西扩东进"战略，以京津冀为核心发展区域，以东北、华北、西北地区为重点发展区域，在河北崇礼、吉林长白山、黑龙江亚布力、新疆阿勒泰等地区建设冰雪体育旅游带。在南方地区建立冰雪体育旅游协同发展区域，形成东西南北交相呼应、春夏秋冬各具特色、冰上雪上协调并进的发展格局。

水上体育旅游充分挖掘江河湖库海的水上运动资源，以国民水上休闲运动中心建设为焦点，以绿水青山系列赛事为支点，结合滨水旅游景区和度假区建设，打造水上体育旅游产业集聚区。

都市体育旅游充分结合京津冀协同发展、粤港澳大湾区建设、长三角一体化发展、成渝地区双城经济圈发展等重要都市圈区域旅游协调发展机制，推进跨行政区域体育旅游资源整合利用，大力发展体育竞技观赏、体育赛事参与、都市运动、全民健身、汽车摩托车、航空运动等都市体育旅游产品。

持续推进带状跨区域体育旅游资源整合，建设以自行车、徒步、慢跑、轮滑等体育运动为主体的国家慢行交通路网，以徒步、骑行、低空飞行等形式串联景区景点、度假区，打造一批世界级、国家级体育旅游线路，盘活全国体育旅游资源，形成"点线面"联动的体育旅游网络系统。

结合全域旅游发展，推进露营基地、运动驿站、体育中心、体育公园等体育旅游项目和体育休闲街区、体育旅游小镇、体育旅游景区、运动康养度假区、体育旅游综合体、体育旅游产业集聚区等体育旅游目的地建设，建设精品集聚、业态丰富、文化鲜明、环境舒适的高等级体育旅游吸引物，营造"满天星斗"式的全域体育旅游产业空间格局。

第二节　促进体育旅游产业融合

一、促进体育旅游产业融合

推动体育产业、旅游产业与相关产业复合经营，传统体育旅游与新兴体育旅游互动发展，促进体育与文化、旅游、健康养老、教育培训、影视动漫、广告会展、网络传媒、金融保险等产业深度融合。加快产业转型升级，围绕产业链部署创新链，围绕创新链配置资源链，推动体育全产业链发展。加快形成以体育装备制造、体育旅游科技、体育旅游康养、体育旅游会展等为主要引领的体育旅游产业融合体系。

（一）体育＋旅游＋制造

打造中国智造品牌。扩大体育旅游制造业规模，鼓励企业开展自主研发、智能化制造，着力打造可穿戴运动设备、智能运动设备、夜间体育旅游装备、旅居车及营地装备、可移动旅居设备、冰雪运动装备、水上运动装备、山地户外装备、邮轮游艇装备、低空旅游装备、旅游景区客运索道等产业集群。鼓励体育装备制造与竞技体育、全民健身、运动休闲融合，推进体育装备制造企业向体育旅游服务业延伸发展，形成全产业链优势。鼓励体育旅游企业与高校、科研院所联合创建体育旅游装备研发制造中心，通过跨界资源共享、创新要素优化组合、重大科技任务牵引等手段，提高核心技术自主研发能力。

（二）体育 + 旅游 + 科技

加快推动大数据、云计算、物联网、人工智能等新技术在体育旅游领域的应用普及，以科技创新提升体育旅游发展水平。大力提升体育旅游服务相关技术，增强体育旅游产品的体验性和互动性，提高体育旅游服务的便利度和安全性。

鼓励面向体育旅游者开发具备智能推荐、智能决策、智能支付等综合功能的旅游平台和系统工具。推进全息展示、可穿戴设备、智能运动装备、冰雪装备器材、服务机器人、无人机等技术的综合集成应用。推动智能体育旅游服务、交互式沉浸式体育运动等技术研发与应用示范。

支持龙头体育旅游企业向上游设计、研发等环节延伸，拓展设计、研发、品牌等价值链高端环节。鼓励发展个性化定制、众包设计、云制造、整体解决方案服务、产品全生命周期管理等新业态新模式，促进文化创意和设计服务与体育旅游融合发展。强化体育装备制造领域标准、计量、专利等体系和能力建设。

积极发展体育旅游资源保护与旅游安全技术，重点推进旅游资源安全防护、旅游资源数字化展示、文化创意产品开发、游客承载量评估、旅游安全风险防范等技术研发和应用示范。推进物联网感知设施建设，加强对重要体育旅游资源、重点设施设备的实时监测与管理，推动无人化、非接触式基础设施应用。

（三）体育＋旅游＋大健康

深化体育、旅游、医疗、健康融合发展，推动健康关口前移，依托体育运动开展健康干预、康复疗养、健康养老等多样化康养服务，发展体育运动康养产业。依托体育运动开展健康疗养、高原病疗养、慢性病疗养、老年病疗养、职业病疗养等康复保健，以及康复训练指导、心理支持等服务，建设康复医疗、残疾人康复、心理咨询等特色服务机构。

结合旅游目的地建设，融合运动、医疗、康复和养老，开发日光、水疗、森林、温泉、运动等户外康复疗养旅游产品，通过针灸、按摩、理疗、温泉浴、日光浴、森林浴、有氧运动等多种服务形式，提供高原病疗养、亚健康疗养、慢性病疗养、老年病疗养、骨伤康复和职业病疗养等服务。加快培育体育健身、运动康复、气候医疗、特需医疗、健康管理、营养饮食、照护康复、医学美容和抗衰老等体育健康旅游产业，形成体育健康旅游产业链。

建立体育、卫生健康、文化和旅游等部门协同，全社会共同参与的体育运动促进健康新模式。鼓励在体育场馆、体育公园、旅游景区、旅游度假区等旅游目的地建设体旅医融合的康养设施。鼓励各级医疗卫生服务设施用好异地就医、医保即时结算等政策，为本地居民、异地旅游者和旅居者提供康养服务。

（四）体育＋旅游＋商务会奖

充分利用奥运会、亚运会、全运会等体育赛事品牌优势，引进和培育一批国际化、专业化的体育会议、论坛，充分发挥国际体育会议、论坛的作用，打造国际知名体育会议目的地。积极举办体育产业会展，推动体育会展服务专业化，打造体育会展服务贸易平台。在现有各类旅游会展产品基础上鼓励增加体育文化元素、体育运动内容，增强会展旅游产品的体育运动内涵和参与体验性。

促进体育运动与会奖旅游融合发展。支持体育旅游目的地举办国际商品博览会、国际电影节、国际海洋产业博览会等大型国际展览会、节庆活动，以及时尚生活、国际名牌等适合体育旅游目的地产业特点的展会。将体育旅游目的地培育成旅游促进会展交易、会展活跃旅游市场的融合型平台。依托高标准会展设施，充分利用体育旅游目的地的旅游、文化、体育、医疗、养老、交通等服务设施，形成展览、会议、培训、旅游、度假、运动、康养并重的会奖功能区。积极培育会奖旅游产业集群，形成行业配套、产业联动、运行高效的"一站式"会奖旅游目的地。

二、提升体育旅游文化内涵

加强文化、体育和旅游的业态融合、产品融合、市场融合、服务融合，不断巩固优势叠加、共生共赢的良好局面。重点提升体育旅游的文化内涵，以旅游促进体育文化传播，培育文化、体育和旅游融合发展新业态。

（一）大力弘扬体育文化精神

以奥运会、亚运会、全运会等重大赛事为契机，讲好运动健将背后的精神故事。以体育旅游产品为载体，倡导文明旅游、文明健身、文明观赛、文明参赛，弘扬健康生活、公平竞争、拼搏精神和团队文化。开展体育名将进景区、进社区、进学校等活动。加强体育志愿者培训与管理，加快形成专业的志愿服务力量。

依托奥运会、亚运会、全运会等品牌体育赛事，加强体育运动精神、体育赛事文化的宣传。鼓励基于体育运动进行文艺创作，开展关于体育健身的纪录片、电视剧、微电影、短视频、动漫、摄影作品等的展示和评选活动，创作一批既有时代精神和中国气派、又有文化内涵和宣传价值的文艺作品，向世界人民展示新时代中国文化创新成果和中国人民美好生活。

（二）打造体育文化旅游精品

加强体育文化旅游精品建设，通过全新建设、功能更新、风貌提升、文化内涵嵌入等方式，充分挖掘体育赛事、体育公园、体育场馆和体育设施等的历史文化内涵，将北京奥林匹克公园、北京奥运博物馆、首钢园、天津大港奥林匹克博物馆、江湾体育场、国际乒联上海博物馆等打造为国家级体育文化和旅游项目。鼓励体育旅游目的地建设各类体育博物馆、纪念馆、文化馆等文化设施。鼓励夜间体育运动发展，并与夜间旅游休闲紧密结合，大力发展夜间经济。推动体育、文化和旅游设施共建共享，建设一批主客共享的"一站式"旅游休闲目的地。

鼓励体育赛事、体育健身、体育休闲、体育康养、体育文化和体育研学等领域的品牌发展，不断提升我国体育旅游的品牌影响力。发展体育文化志愿者队伍，发挥体育社会组织、运动队和体育明星的引领作用，让更多优秀体育竞技文化、全民健身文化、体育休闲文化和运动康养文化走入旅游目的地、旅游景区和旅游度假区，展示好中国进步、讲述好中国故事、传播好中国声音。将青少年的体育教育、文化教育和品德教育相结合，形成青少年热爱体育、崇尚运动、健康向上的良好风尚。

（三）推动传统体育文化传承

加强对少林功夫、武当武术、太极拳、形意拳、抖空竹、维吾尔族达瓦孜、蒙古族搏克、蹴鞠等传统体育运动项目的继承、推广和创新。开展民族传统体育文化进景区活动，将武术、龙舟、跳板、秋千、赛马等传统体育运动与旅游相结合，开发竞赛观赏、赛事参与、体育休闲、研学培训等特色体育旅游产品。

推动传统体育非物质文化遗产的活态传承、保护利用，推动传统体育非物质文化遗产的整体性、抢救性、传承性、生产性保护，引导和支持社会资本投资非遗生产性保护，建立非遗生产性保护孵化机制。

第三节　打造全域体育旅游空间

一、建设体育旅游休闲街区

结合北京奥林匹克公园、首钢园、杭州奥林匹克体育中心、上海徐家汇体育公园等优质体育场馆设施聚集地，吸引国内外体育企业总部、国际体育组织、大型体育赛事等落户，打造辐射带动功能强的复合型体育服务综合体。推动体育服务综合体与旅游休闲街区的建设工作相结合，加强体育与旅游、文化、教育、康养、餐饮、购物、娱乐等业态的融合力度，创建以体育休闲为特色的国家级旅游休闲街区，建设衔接传统与现代、民族与世界的国际体育旅游休闲体验区。

吸引老字号企业入驻旅游休闲街区，充分挖掘历史文化街区、公共文化设施、商业综合体与餐饮美食等文化资源，加强文物和非物质文化遗产保护利用，打造具有地方特色的文化景观。完善公共交通和基础设施配置，实现体育、文化和旅游等公共服务设施共建共享。

积极鼓励夜间体育、文化和旅游等消费，大力发展夜间旅游休闲经济。支持体育场馆、博物馆、文化馆、图书馆、美术馆、非遗馆、书店等公共服务场所增强旅游休闲功能、延长开放时间。

创新体育商品销售场景和模式。集聚高端体育商品资源，完善体育商品免税购物，培植国际知名的体育商品购物中心、世界高端运动品牌旗舰店等业态。鼓励将体育运动装备门店打造成为沉浸体验中心、创新科技展馆和品牌文化中心。创新体育商品柔性制造与个性化设计，发展体育运动个性化、智能化、时尚化消费新业态。开发模拟高尔夫、模拟划船、模拟拳击、模拟足球、模拟篮球、模拟飞行、模拟潜水等线上产品和服务，打造体育运动线上线下协同发展的新模式。

二、建设体育旅游特色城市

（一）结合城市更新增加体育休闲空间

以打造体育旅游特色城市为导向，综合考虑功能定位、空间布局、风貌环境，统筹公共服务设施、交通设施和市政设施建设，推进平房院落、老旧小区、危旧楼房、老旧厂房、老旧楼宇等各类存量建筑的改造提升，依托城市更新补齐城市体育设施短板，新增城市体育休闲空间。

充分利用城市平房院落、边角地块、老旧街区、闲置厂房等新建改建体育健身设施，支持建设室内足球场、篮球场、羽毛球馆、搏击馆、攀岩馆、射箭馆、壁球馆、台球馆、瑜伽馆、卡丁车场、室内蹦极馆、运动康复店等新型体育设施。补齐城市全民健身场地和体育运动设施短板，提升城市社区"15分钟体育健身圈"效能。顺应体育消费升级和商业发展趋势，培育个性化、定制化、体验性、智慧化、场景化的体育消费新热点、新业态和新场景。

（二）推进体育休闲空间向综合消费场景转换

鼓励基于体育场馆、体育公园等传统体育设施，打造综合型体育休闲与消费体验中心。推动传统商业综合体转型升级为文体商旅综合体，打造新型体育和旅游消费集聚区。推动体育、文化、旅游、教育、康养、购物、娱乐等行业融合，加速传统体育运动空间向综合消费空间转换，鼓励传统旅游休闲空间增加体育运动功能，推进体育休闲综合体、复合型体育运动营地、体育主题公园、体育旅游休闲街区等综合消费新载体建设。

健全公共体育场馆免费或低收费开放补助资金政策，继续推动公共体育场馆向社会免费或低收费开放，鼓励有条件的学校委托专业机构运营学校体育设施。鼓励公共体育场馆完善功能和提升服务，在寻求体育场馆公益性和商业性平衡点的过程中创新经营管理机制，提升公共体育场馆设施的社会利用效能。

（三）实现体育旅游城市主客共享

推广主客共建共享理念，让体育旅游城市能同时满足本地居民、旅游者、旅居者的旅游休闲需求。将更多服务资源下沉到社区、向本地居民和旅居者身边延伸覆盖，打造家门口"一站式"休闲综合体，实现游客体育旅游服务和居民体育休闲服务融合共享。加强休闲综合体规划布局和标准制定，鼓励设施功能复合设置，基本实现卫生、养老、文化、体育、教育等城镇社区公共服务设施15分钟内步行可达。

三、建设体育旅游特色乡村

依托全国乡村旅游重点村、全国特色景观旅游名村、中国少数民族特色村寨、中国历史文化名村、中国传统村落等资源，围绕以人为核心的新型城镇化战略、乡村振兴战略，实施体育旅游精品工程，丰富乡村体育场馆设施供给，优化乡村体育旅游产品结构，优化体育旅游休闲功能，培育一批体育产业特色鲜明、文化旅游深度融合的体育旅游特色乡村。

（一）体育旅游发展对接乡村振兴战略

充分挖掘各乡村的独特优势和文化内涵，整合周边旅游景区、旅游度假区、生态旅游区、水利风景区等旅游功能区，实现"景区带村"系统配套，建设综合型体育旅游目的地。

全面推进乡村振兴战略，推进农业、体育产业、文化产业、旅游业在乡村联动，实现乡村一二三产业融合发展，大力发展户外体育运动、乡村运动休闲、绿色田园康养，结合全国和美乡村"村BA""村超""乡村趣味运动会"等体育赛事，构建美丽乡村文体旅产业体系，将具有特色体育资源的乡村打造成体育旅游目的地。乡村体育旅游发展建立健全利益联结机制，让农民更好分享体育旅游发展红利，提升农民参与度和获得感。

（二）体育旅游特色乡村整体景观打造

加强村庄规划建设，提升村容村貌，扎实推进农村人居环境整治提升，立足乡土特征、地域特点和民族特色提升村庄风貌，严格保护传统村落文化遗产，营造美丽乡村特色文化旅游景观，培育乡村体育运动氛围。

以特色化发展为前提，挖掘文化内涵、丰富旅游业态、转化绿水青山生态价值、展现整体乡村景观，推进体育休闲、户外运动等场景与传统村落、乡村旅游、休闲农业等融合，将整个乡村作为一个具有鲜明特色的体育旅游综合体来整体打造。

（三）体育旅游特色乡村旅游功能提升

既严格保护村落文化遗产，又实现传统文化与现代生活紧密结合。充实体育旅游特色乡村的旅游产业要素，完善体育旅游特色乡村的旅游产品体系，积极发展"旅游+"新产品新业态，将体育旅游特色乡村建成传统体育文化体验中心、体育旅游综合服务中心、体育休闲和运动康养的主要空间载体。

完善体育旅游美丽乡村的旅游设施，因地制宜地将乡村体育旅游纳入县域相关规划，统筹全民健身、公共文化、旅游集散和医疗养老等公共服务设施建设，推进乡村道路、停车场、厕所、污水垃圾处理等基础设施建设。

（四）乡村特色传统体育文化保护传承

鼓励体育旅游特色乡村的传统体育文化融入生产生活，实现传统体育文化的整体性系统性保护，鼓励体育非遗与旅游融合发展，将体育旅游特色乡村建成传统体育文化的沉浸体验区和活态博物馆。

加强农业文化遗产保护利用，实现农业文化遗产与传统体育文化的有机结合。深入实施农耕文化传承保护工程，加强重要农业文化遗产保护利用，坚持动态保护、协调发展、多方参与、利益共享的原则，促进农业文化传承、农业生态保护和农业可持续发展。

提升体育旅游特色乡村的文化体验。结合党群活动中心、文化站、村史馆、民间收藏馆建设，促进乡村文化振兴，深入挖掘、传承提升乡村优秀传统文化，展现乡村文化景观、形成个性特色，将整个村落作为一个传统文化体验区来整体打造。

第四节　促进户外体育旅游发展

一、串联体育旅游线路

综合考虑文脉、地脉、交通干线和国家重大发展战略，持续推进跨区域体育旅游带状资源整合，以健身步道、雪道、跑道、骑马道、自行车道、登山道等慢行交通路网串联旅游吸引物、旅游服务中心、旅游城镇村，打造一批高等级体育旅游线路。

构建多功能、多层次的绿道系统，完善停车、供水、供电、环卫、通信、导览、安全等配套设施，营造旅游者与郊野生态环境的亲近空间。依托生态空间、河湖水系、历史文化等自然和人文资源，构建层次鲜明、功能多样、文旅融合、顺畅便捷的旅游绿道系统。依托旅游绿道串联重要旅游景区、各类旅游区、旅游特色小镇、旅游名村、户外运动营地，实现各乡、镇、村之间互联，形成全域覆盖的户外体育旅游空间供给格局。

结合长征国家文化公园建设，依托重点红色文化资源，建设红色体育旅游线路。依托地下暗河、穿洞等喀斯特地质旅游资源，建设"黑色"探险主题旅游线路。以茶马古道、万里茶道、丝绸之路等线性大遗址为主体，建设集中展示线性文化遗产的文物主题游径、国家遗产线路，实现文化、体育和旅游融合。

二、创新生态体育旅游

（一）利用自然资源开展户外运动

围绕可开展体育运动的山地、湖泊、森林、草原、沙漠、冰雪、海滩等自然资源，在符合自然保护地管理法规、国土空间规划生态红线管控要求和项目准入制度的前提下，在有条件的国家公园、自然保护区、自然公园等自然保护地开展体育旅游和户外运动，建立健全自然保护地开展体育旅游和户外运动的管理体制。

因地制宜利用森林、草原、山地、湖泊、冰雪等自然资源，在符合相关规定前提下，建设一批体育旅游、户外运动、水上运动、滑雪场、航空飞行营地、汽车越野等特色户外运动项目场地设施，形成发展特色体育旅游的空间载体。

依托体育旅游开展自然教育与游憩体验，完善科普教育展示体系、解说标识系统，营造文化和自然景观展示空间，完善休闲游憩设施。在保护自然资源的基础上推进生态系统保护与修复，加强生态系统、野生动植物、生态环境、自然资源、土地资源、文化和旅游资源等的保护和修复。

（二）创新自然保护地生态旅游体制

探索构建以国家公园为主体、自然保护区为基础、各类自然公园为补充的自然保护地体系。严格管控自然保护地范围内非生态活动，稳妥推进核心区内居民、耕地、矿权有序退出。

在符合国家公园分区管控要求和国家公园总体规划的基础上，支持在国家公园等自然保护地的一般控制区内，因地制宜地开展登山、徒步、越野、骑行、攀岩、攀冰、滑雪、露营、观鸟、观星等生态旅游和户外运动。

借鉴发达国家依托国家公园开展生态旅游的成功经验，基于"设施建设最小化、旅游活动最大化"的发展理念，改革创新国家公园管理体制机制。研究在自然保护地开展户外运动的管理制度，明确体育旅游活动的申请条件和程序。鼓励在严格保护的基础上，通过划分活动区域、设置运动线路、限制参与人数、加强监督管理等措施，探索自然保护地严格保护和有效利用的良性机制。

实现国家公园与社区协调发展。建设国家公园与城乡居民社区的共建共治共享机制，科学调控社区发展，增强国家公园发展的社区参与。

三、发展水上体育旅游

（一）依托水利资源开展体育运动

在水利工程建设各环节中挖掘体育潜力、充实旅游功能、融入文化元素。依据水利工程特点配建户外运动、体育休闲、滨水康养、研学教育、水文化等场所和设施，面向社会公众开放。

在水利风景区规划、设计、建设和运营管理等各个环节，充分挖掘水利工程的文化内涵、开发体育功能、完善旅游设施，将水利工程与其蕴含的文化元素有机融合，突出水利工程的景观风貌、体育价值和旅游功能，形成包括水上户外运动、水上体育休闲、水上研学训练、水下潜水探险、滨水度假旅游、滨水康养旅居的多元化水上体育旅游产品体系。

依托河湖水利资源，建成一批赛艇、龙舟、独竹漂、摩托艇等特色水上运动场地设施，加快建设生态、体育和文化特色鲜明的水上体育旅游景区，结合河流水系和绿环绿廊绿楔绿道，串联库、渠、塘、河、湖等水利资源，推动水上体育旅游集群发展。

（二）提升水上体育旅游文化内涵

在水利工程建设的决策、规划、设计、施工、管理等具体环节中，引入哲学、历史、民族、建筑美学、生态环境学等方面的文化元素，突出文化底蕴、体现体育精神、提升文化品位。

开展重要水利遗产调查工作，开展江河寻根溯源及发源地立碑标记工作，科学构建水利遗产的分类体系，形成水利遗产名录。推动重要水利遗产申报"世界文化遗产""世界自然遗产""世界灌溉工程遗产""全球重要农业文化遗产""中国非物质文化遗产"等世界和国家级遗产名录。

在水利工程重要节点设立水文化展示设备设施、场所场景，充分挖掘历史、科技、管理、艺术等文化价值，重点收集整理工程建设历史资料、实物以及治水名人、人物故事素材，配建、扩建或提升相应文化展示和体验场所，提升水利风景区的文化旅游功能。

（三）打造水上体育旅游线路网络

依托重点河流，构建由水体、水上航道、滨水绿道、岸上体育设施、岸上旅游设施、通道景观带、滨水生态空间等共同组成的水上体育旅游线路。对接国家航运交通战略和航道提升工程，研究开发内河游轮旅游产品。

依托水上体育旅游线路，推动水上体育旅游产品多元化，串联相关旅游景区、各类旅游区、旅游特色小镇、旅游美丽乡村，改善流域生态环境、提升航道等级、建设滨水绿道、配套体育旅游设施、注入历史文化，将水上体育旅游线路建成发展水上运动、体育休闲、水体观光、滨河度假的重要区域。在流经城镇的河段打造滨河景观带，建成水城共融旅游线路。

实现旅游蓝道与城镇空间、农业空间、生态空间融合，构建体育旅游线路全线景观体系。加强水土保持和河湖整治，提高水生态环境保护治理能力。加强沿河流域山林保护修复，坚持山水林田湖草系统治理，着力提高生态系统自我修复能力和稳定性，守住自然生态安全边界，促进自然生态系统质量整体提高。

（四）加强水上体育资源领域改革

坚持系统观念，统筹流域与区域、发展和安全，强化跨流域、跨部门、跨区域协调统一管理，加快形成中央统筹协调、部门协同配合、属地抓好落实、各方衔接有力的流域综合管理机制，协同高效推进流域水治理。

深化水利重点领域改革，提高水利创新发展能力。建立政府水安全保障责任机制。建立流域综合管理与协调机制。积极稳妥推进用水权市场化交易。深化水利投融资机制改革和水利工程管理体制改革。

四、鼓励低空飞行旅游

（一）完善低空旅游设施

结合民航机场、通用机场等建设，鼓励旅游城市发展低空旅游，推动水陆空旅游联动开发。开展多种形式的低空旅游，强化安全监管，推动通用机场、飞行营地和航空特色小镇等建设。支持企业因地制宜发展轻型运动飞机、动力三角翼、自转旋翼机、双人轮式动力伞、载人气球、飞艇、降落伞、滑翔伞等低空旅游产品。

（二）加快发展航空旅游

在国家公园、高品质旅游度假区、高等级旅游景区等旅游资源丰富地区发展航空旅游。鼓励采用水上飞机开发河湖、湿地等航空旅游产品。支持采用电动飞机在噪声、尾气排放敏感区域开展业务。结合旅游空间布局和城镇体系，引导航空旅游与短途运输融合发展新模式。

（三）有序发展私人飞行

引导个人使用、企业自用等非经营性通用航空活动发展，支持开展航空体育活动。鼓励居民利用运动航空器开展教育、娱乐和体验飞行。培育航空俱乐部成为私人飞行的重要载体。

（四）鼓励航空消费

推动通用航空与互联网、创意经济融合，拓展通用航空新业态。鼓励发展飞行培训，提高飞行驾驶执照持有比例。积极发展个人使用、企业自用等非经营性通用航空，鼓励开展航空体育与体验飞行。利用会展、飞行赛事、航空文化交流等活动，支持通用航空俱乐部、通用航空爱好者协会等社会团体发展，扩大通用航空爱好者和消费者群体。

第五节 壮大体育旅游市场主体

一、推进体育旅游跨界融合

鼓励各类市场主体通过资源整合、改革重组、收购兼并、线上线下融合等投资体育旅游业，促进体育旅游投资主体多元化。推进体育产业、旅游产业的市场主体跨界合作，培育一批体育旅游行业领军企业，支持有条件的体育旅游企业发展成为"平台型企业"，培育一批具有本土优势和较强竞争力的中小型体育旅游企业。

鼓励体育旅游企业建立战略联盟，推动形成一批体育、旅游、文化、健康、教育、科技等行业协同发展和利益共享的企业联合体。推广包括体育装备、体育赛事、旅行服务、主题酒店、特色餐饮、休闲娱乐、旅游商品等产品和服务在内的体育旅游"一条龙"解决方案，打造一批体育旅游上下游企业联合体，开发一批特色体育旅游线路。

支持体育旅游企业和中小学、高校、医院、养老院、博物馆等联合组建战略联盟，发展产学研用投一体化协同创新项目，打造体育装备、体育赛事、健身连锁、体育文化、运动休闲等优质品牌集群，建设高等级体育旅游目的地。

二、培育体育旅游龙头企业

强化企业创新主体地位，促进各类创新要素向龙头企业集聚，壮大以骨干企业为主体的创新型体育旅游企业集群。培育一批创新水平高、品牌影响大、辐射带动强、具有国际竞争力的体育旅游龙头企业和独角兽企业，促进体育旅游市场资源和生产要素向龙头企业集中，促进规模化、品牌化、网络化经营。鼓励体育旅游龙头企业加强产业链垂直整合，推动产业链横向跨区域协同发展，在客源资源整合、生产要素聚集、旅游目的地建设等领域加强协作，进一步提升核心竞争力。

鼓励大型体育旅游企业挂牌上市，支持有条件的体育旅游企业在境外兴办实体、设立分支机构，鼓励采取跨国投资、海外并购、战略联盟等方式开展国际合作，带动入境旅游和服务贸易发展。

扶持国有资本控股的体育旅游产业主体，鼓励国有企业在体育旅游目的地建设中发挥引领作用，整合滑雪场、通用机场、体育公园、水利风景区、体育场馆等优质体育旅游资源，坚持市场化运作，积极参与体育旅游全产业链的投资、开发、管理及运营。

三、发展中小体育旅游企业

引导中小体育旅游企业提升市场分析能力、旅游产品品质、营销推广意识，进一步提升企业市场竞争力，向"专精特新"方向发展，鼓励有条件的中小企业以单项冠军为目标做强做优做大，打造形成一批拥有自主知识产权的知名体育旅游品牌。

扶持体育文化、特色赛事、旅行服务、精品民宿、特色餐饮、休闲娱乐、旅游商品等领域的中小型体育旅游企业发展。推动中小体育旅游企业开拓市场、创新技术、提升服务，支持体育旅游企业申报专精特新"小巨人"体育企业、瞪羚企业、"隐形冠军"企业等扶持培育计划。

引导大型企业与中小企业通过股权投资、专业分工、服务外包等多种方式，建立协同创新、合作共赢的协作关系，形成以骨干企业为龙头、大中小企业协调发展的格局。

四、培育体育旅游服务业

创新发展体育旅游金融服务，探索设立体育产权交易中心，大力发展体育旅游金融服务，建立健全体育旅游投资退出机制，完善各类体育旅游保险服务。完善体育旅行配套服务，鼓励旅行社串联特色体育旅游资源和产品，设计体育旅游精品路线，培养具有交叉学科背景的体育旅游导游、讲解员、主播等服务人员。鼓励发展体育旅游营销服务，加快培育文化传播、旅游营销、对外交流、广告传媒等体育旅游营销公司，为体育旅游发展提供文化交流、宣传营销、推广和代理等服务。提高体育旅游科技服务水平，推动体育旅游与大数据、5G、虚拟现实、人工智能等深度融合，力争在体育旅游活动高清直播、实时翻译、智能讲解、沉浸式体验技术等领域有创新突破。

五、激发体育社会组织活力

推进各级体育旅游社会组织发展，完善体育旅游社会组织的标准规范，充分发挥各级社会组织在营造氛围、组织活动、服务消费者等方面的作用。推动体育旅游社会组织社会化、实体化、规范化、专业化发展，对于符合直接登记条件的，可直接向民政部门依法办理登记。深化体育旅游社会组织改革，指导体育旅游社会组织依照法规政策和章程建立健全法人治理结构和运行机制，成为权责明晰、运转协调、制衡有效的法人主体。

鼓励有资源优势的体育旅游目的地成立体育旅游协会，促进体育旅游市场主体之间的交流合作。相邻行政区域之间可以成立体育旅游产业联盟，促进各联盟成员单位在体育旅游领域加强合作交流。支持体育旅游协会、体育旅游产业联盟等组织体育旅游活动、承办特色体育赛事、承接政府购买服务、引导体育旅游行为。鼓励体育旅游社会组织发挥联系政府与产业的桥梁纽带作用，促进体育旅游产业发展。

六、鼓励体育俱乐部发展

支持职业体育俱乐部发展。参考借鉴曼联足球俱乐部、纽约洋基队、芝加哥公牛队等国际著名职业体育俱乐部经验，打造一批高竞技水平、专业化发展、具有较高知名度的职业体育俱乐部，促进足球、篮球、高尔夫、马拉松、武术等职业体育俱乐部规范发展。挖掘体育明星对于带动全民健身、弘扬体育精神的积极作用，完善职业体育赛事运作、场馆运营、门票销售、媒体转播、文化资产挖掘、旅游产品开发等一体化运作与服务。发挥职业体育俱乐部对体育旅游、休闲娱乐、体育文化、体育装备等相关产业的带动作用，丰富体育旅游产品供给，培育体育旅游群体，引导体育旅游消费。

大力发展社会体育俱乐部，引导社会体育俱乐部向专精特新方向发展，培育一批创新强、服务优、信誉好的社会体育俱乐部。重点聚焦于青少年体育俱乐部、民办非营利性社会体育俱乐部。充分发挥社会体育俱乐部在满足大众多元化体育健身需求、保护传承传统体育文化、拉动体育产业经济增长、促进体育和旅游融合发展等方面的重要作用。支持社会体育俱乐部联办高水平运动队，策划组织群众性体育赛事，开展全民健身和群众体育活动，满足大众体育竞技培训需求，带动体育旅游和户外运动发展，保护传承利用民族传统体育文化，形成大众体育旅游发展载体和消费热点。加强青少年体育俱乐部与中小学校的合作，开展青少年体育技能和体育知识培训工程，促进青少年体育研学旅行发展。加强社会体育俱乐部与旅游景区和旅游景区等合作，在旅游产品开发、旅游活动组织、体育赛事运营、旅游目的地营销等方面展开深度交流与合作，依托群众体育促进大众旅游发展。

七、深化体育场馆管理改革

推动体育场馆设施面向广大本地居民、旅游者和旅居者开放使用，针对大众需求改造场馆功能、改革管理机制。加强对公共体育场馆运营管理情况的绩效评估，在保证公益性的前提下，寻求体育场馆社会效益和市场效益的有效平衡点，提升体育场馆的利用效率和服务效能。加快体育场馆管理体制改革和运营机制创新，通过公开招投标、委托管理运营管理等方式，推进公共体育场馆所有权与经营权分离，促进社会化、专业化运营。

支持体育场馆在保障体育功能的基础上，开展复合经营，完善多元服务功能，打造体育竞赛、全民健身、旅游休闲、文化体验、社会交往等复合型场景。推动各地结合城市建设，加快推进老体育中心改造，改善条件、完善功能、提供优质服务。加快智慧体育场馆建设，打造智慧化数字化体育场服务场景。积极推进学校体育设施向社会开放，并进一步提升开放水平。

第六节　建设体育旅游支持体系

一、充分激发市场力量活力

深化体育领域"放管服"改革，激活体育旅游发展体制机制，形成以市场化为主的体育旅游发展机制。进一步简政放权，推动办队权、办赛权等更多体育资源向社会开放，完善社会力量发展体育旅游的扶持激励机制，鼓励社会力量开展举办赛事、全民健身、研学培训、运动康复、体旅融合等业务，将社会能够承接的职能转交社会，最大限度地激发体育旅游市场活力。

运用政府和社会资本合作等模式，引导社会资本参与体育旅游产品供给、体育赛事活动举办、体育旅游线路培育、体育休闲街区建设。引导社会力量参与体育场馆、全民健身、公共文化、旅游服务等设施的规划、建设、管理和运营，倡导体育场馆设施建设、管理和运营模式的多样化，引导有条件的体育场馆设施实行集团化管理。推动体育场馆资源所有权、经营权分离改革，鼓励政府投资的体育场馆委托第三方运营。

二、增强内生创新发展能力

强化高水平人才队伍支持。建立高水平的体育人才和旅游人才队伍，增强可持续的内生创新发展能力，以便在全世界体育旅游目的地的激烈竞争中保持领先地位。提升国际人才发展水平，探索建立与国际接轨的全球人才招聘制度和吸引国外高技术人才的管理制度，为在旅游城市工作和创业的外国人才提供出入境、居留和永久居留便利。

建设高端智库，与权威的体育科研机构、社会组织和国际组织合作，增强体育产业的战略研究和决策咨询能力，提升在全球体育旅游市场的影响力和话语权。

建设体育大数据平台，建立覆盖旅游者、旅居者和本地居民的体育运动动态数据收集分析系统，建立体育旅游监测预警报告机制，建立旅游目的地知名度和体育旅游者满意度调查和评价机制。

加强科学研究分析，动态研究体育旅游目的地发展演变、客源市场结构、旅游者行为规律、旅游发展质量和效益、国民经济和社会发展综合贡献，为体育旅游产业高质量发展提供数据支撑和决策依据。

三、建立公平便利营商环境

体育旅游目的地应建立公平便利的旅游业营商环境，在投融资和旅游用地等方面保障充足的要素投入，落实用地、财政、区域、税收、金融、投资、人才等支持政策。各相关部门根据职责分工支持体育旅游发展，形成发展合力。

创新金融支持政策。金融管理部门要积极支持符合条件的体育企业和旅游企业上市融资、再融资和并购重组，拓展企业融资渠道，支持符合条件的企业通过发行公司信用类债券等方式进行融资，创新贷款担保方式，开发适合体育旅游行业特点的金融产品。

完善旅游财税政策。财政部门通过现有资金渠道，支持加强文化公共服务、体育场馆设施、旅游公共服务设施、旅游宣传推广等方面建设，将符合条件的基础设施建设项目纳入地方政府债券支持范围，推进体育旅游领域政府和社会资本合作。

保障旅游用地供给。自然资源部门充分考虑常住居民和旅游人口需求，特别是重大体育场馆设施和旅游项目建设，对用地作出专门安排，重点要依法保障重大体育旅游项目建设用地供应，会同文化和旅游部门做好风景名胜区及山水林田湖草沙冰等生态空间的旅游利用。

提升旅游者满意度。建立以游客评价为核心的旅游目的地评价体系，加强针对体育旅游市场环境的治理，提高游客体验感和重游率，培养游客忠诚度。推进智慧体育旅游景区建设，提升体育旅游的舒适度和便利性。完善体育旅游基础设施配置，加强全民健身设施、体育场馆设施、公共文化设施、旅游服务设施等建设，优化体育旅游服务环境。

四、建立政策协调保障体系

完善组织领导保障体制。加强组织领导体制建设，形成党委领导、政府推动、部门协同、全社会参与、广大人民群众共享的体育旅游发展大格局。

建立体育旅游综合协调机制。加强对文化产业、文化事业、体育产业、旅游业发展的综合协调，完善文化和旅游融合发展体制机制。

构建共建共治共享格局。建立包括本地居民、旅游者、旅居者在内的共建共治共享社会治理制度。

加强体育旅游市场监管。在现有旅游统计体系基础上，构建以行业监管大数据为基础的体育旅游市场经济运行监测体系，增强动态监测能力。

推进旅游目的地管理国际化。管理体制逐步与国际通行规则相衔接，加快建立与国际通行规则相衔接的企业管理体制，推动更多体育旅游企业开展国际标准化组织（ISO）质量和环境管理体系认证，系统提升企业国际化、标准化、信息化水平。

建立市场风险预警机制。建立体育旅游市场风险预警工作机制，构建市场风险预警模型，稳步实现监管数据可分析、市场风险可预警、监管工作可联动，提升风险管理水平。

第五章

国外体育旅游城市案例

通过举办奥运会、世界杯足球赛等大型体育赛事,能够促进主办城市的基础设施投资和城市更新建设,增加主办城市的外商直接投资,带动知识密集型产业和国际贸易发展,提升主办城市的国际品牌形象,最终促进旅游产业发展和旅游城市建设。经济合作与发展组织对巴塞罗那、亚特兰大、悉尼、都灵等奥运会主办城市进行了深入研究,分析了举办奥运会对于建设旅游城市的促进作用(OECD,2010)。表5-1为举办奥运会对旅游城市的拉动作用。

本书将在相关学术文献综述的基础上,把近年来举办过奥运会的巴塞罗那、悉尼、伦敦、里约热内卢、东京等著名旅游城市作为典型案例,分析研究通过举办大型体育赛事促进旅游城市发展的战略、路径和政策,以供我国体育旅游发展参考借鉴。

表 5-1　举办奥运会对旅游城市发展的拉动作用

奥运会	外商直接投资	知识密集型产业	国际贸易	城市建设	基础设施	品牌形象	旅游产业
1992年巴塞罗那夏季奥运会	巴塞罗那吸引的外商直接投资在欧洲城市的排名从1990年的11位上升到了2001年的第6位。2010年对奥运企业投资的吸引力在欧盟排名第4位	作为奥运会的遗产开发了海滨的"22@"高科技功能区，引进了1441家新的公司和机构，包括大学和高科技企业等，带来了高等教育产业的快速增长，吸引了很多外国留学生	通过开放港口和改造提升机场，巴塞罗那接待口让城市连接海洋、扩建了国际贸易额，巴塞罗那成为了西班牙经济的门户城市	进行了大规模城市更新，包括海滨区域城市更新项目，以及城市广场的提升	从1989年到1992年，城市道路数量增加了15%。通过建设港口让城市连接海洋、扩建了机场、提升了铁路网络。奥运会后，城市基础设施一直在更新提升	奥运会为巴塞罗那打造了全球性的品牌形象。城市被公认为以高科技产业闻名的创新型城市	奥运会快速地发展了旅游经济。2020年城市接待人数比1992年翻了一番，达到了350万人次。旅游业对于为巴塞罗那吸引了人才发挥了重要作用
1996年亚特兰大夏季奥运会	亚特兰大从奥运会前就开始作为美国南部的经济中心城市快速发展，跨国企业数量从不足1000家增长到了2010年的2400家。奥运会让接管到亚特兰大方面较大，最终带来了4亿美元投资	亚特兰大所在佐治亚州的大学快速提升科技和商业方面的科研水平，并吸引了大量的外国留学生	在奥运会之前亚特兰大只有10条国际航线，现在佐治亚州亚特兰大的哈兹菲尔德-杰克逊国际机场是美国国际航线第二多的机场	总共投资了7500万美元对亚特兰大城市区进行城市更新。通过建设奥林匹克百年公园，将废弃城区变为了富有活力的城市新社区	通过举办奥运会推动哈兹菲尔德-杰克逊国际机场的更新改造。其中，投资3亿美元建国际机场大楼、投资2400万美元在机场中庭、投资2.5亿美元对机场进行维修提升	在奥运会后，全球企业战略决策对亚特兰兰的正面评价提升了一倍	奥运会增加了亚特兰大的国际曝光度，比以往各届奥运会吸引了更多的旅游者。1996年旅游者在佐治亚州消费了147亿美元

续表

奥运会	外商直接投资	知识密集型产业	国际贸易	城市建设	基础设施	品牌形象	旅游产业
2000年悉尼夏季奥运会	奥运会以来新企业增加了2.88亿澳元投资,现有企业追加了2.03亿澳元投资	根据2002年的城市总体规划,通过建设奥林匹克公园增加了11万平方米的商业用地面积,在2030年的城市总体规划中还将进一步增加,吸引了很多企业搬迁到奥林匹克公园	奥运会给澳大利亚带来了61亿澳元的国际贸易增加额	为了建设奥林匹克公园进行了大规模的土地整理、收储和清毒	为了举办奥运会投资了60亿澳元,为升级悉尼机场投资了20亿澳元	通过举办奥运会对悉尼进行系统性的营销,推广悉尼现代、多元、开放和活力的城市形象	澳大利亚的61亿澳元的经济增长大部分来自旅游业
2006年冬季都灵奥运会	在二十世纪九十年代早期意大利就成立了外商直接投资促进机构,为汽车产业链吸引了多元化的科技和设计企业	都灵的大学和理工学院都积极采取各种措施促进创新。在2003年,都灵开始发展知名全球的无线科技术高科技产业集群	都灵拓展了基于设计的产品的对外贸易,并把家用设备和更广泛产品的设计纳入进来	都灵开始聚焦于打造电影之城,建设了电影博物馆。都灵对城市中心区进行了更新,增加了文化和娱乐设施。大力发展了以葡萄酒、巧克力为代表的美食旅游	投资10.23亿美元进行基础设施改造提升,包括地铁线路建设,以及连接其他欧洲中心的高速铁路	都灵将奥运会作为从意大利的汽车制造之城转型成为创意经济之城的重要机会	细分旅游市场,大力发展文化旅游和美食旅游

资料来源:OECD. Local Development Benefits from Staging Global Events: Achieving the Local Development Legacy from 2012 – A Peer Review of the Olympic and Paralympic Legacy for East London [R]. Paris: OECD, 2010.

第一节 巴 塞 罗 那

巴塞罗那在 20 世纪 80 年代之前是一个经济增长停滞的传统工业城市，在从工业社会向后工业化社会转型的过程中面临诸多问题，1986 年城市的失业率甚至高达 22%，城市财政面临危机。巴塞罗那在 1976 年的都市总体规划中，提出了通过国际性的大型赛事，来吸引大规模的基础设施投资，进而提升国际竞争力的战略思路（OECD，2010）。

从巴塞罗那举办 1992 年夏季奥运会到现在的 30 多年间，巴塞罗那一直是欧洲发展最快的城市之一，举办奥运会成为了城市发展进程的重要转折点。奥运会将提升了巴塞罗那的城市风貌，改善了城市的基础设施，提升了城市的全球连通度，提高了城市居民的生活质量，为城市发展注入了新的动力和内涵。巴塞罗那已经从工业时代的衰退城市变成了知识经济时代的创新城市。

一、奥运会对巴塞罗那的综合影响效应

巴塞罗那不仅仅把奥运会看作一个大型体育赛事，更是将其看作一个城市发展项目和全民参与项目。通过鼓励企业和城市居民积极参与奥运会各项工作，将奥运会与城市经济各项工作紧密结合，推动了企业创新和社会创新，最终促进了城市经济的转型发展。

（一）城市品牌形象提升

巴塞罗那通过建设地标性建筑、打造特色街区、发展本地文化等来大力提升城市的品牌形象和生活质量，被公认为欧洲在城市发展方面提升最快的城市，其城市品牌形象和知名度从位居欧洲二三线到现在可以

与巴黎、伦敦等世界城市相媲美。2003～2006 年，巴塞罗那在吸引外国直接投资项目方面排名全球第 38 位，甚至领先于阿姆斯特丹、多伦多和法兰克福等城市。1990～2010 年，巴塞罗那的商业吸引力排名欧洲第二位（OECD，2010）。

（二）城市经济转型升级

巴塞罗那曾经是一座传统的以工业为主体的城市，在 1986 年城市的失业率甚至高达 22%。通过举办奥运会，有效拉动了城市经济的发展，促进了城市产业的转型升级，降低了城市的失业率。从 1986 年 10 月至 1992 年 8 月，巴塞罗那的失业率从 18.4% 下降到 9.6%，而同期西班牙的失业率分别为 20.9% 和 15.5%。现在，巴塞罗那的就业率仍然远高于加泰罗尼亚地区和西班牙的平均水平。在奥运会举办 15 年后的 2007 年，巴塞罗那以 1400 亿美元的 GDP 排名世界第 31 位（OECD，2010）。

（三）旅游产业快速发展

巴塞罗那的旅游业在过去几十年间飞速发展，已经从区域性旅游目的地成长为世界级旅游目的地。1977 年，巴塞罗那的机场接待了 500 万名乘客，而 2007 年巴塞罗那机场的旅客接待量达到了近 3300 万，远高于伦敦希思罗机场等欧洲机场的增长率。1981 年，巴塞罗那接待的旅游人数只有接近 70 万人次。到了 1993 年，也就是成功举办奥运会后的第一年，巴塞罗那接待的旅游人数增长到了 250 万人次。1991～2003 年，巴塞罗那接待的旅游人数翻了一番。2005 年，巴塞罗那的游客接待量在欧洲排名第四位（OECD，2010）。旅游人数的增加带动了巴塞罗那住宿、餐饮、娱乐、交通等旅游产业的发展。

（四）生活质量显著提高

在 2009 年的全球生活质量排名中，巴塞罗那排名第 42 位，位居西班牙第一位，高于马德里、纽约和西雅图等城市。巴塞罗那在有效提升居民生活品质时，还有效地控制着居民生活成本不快速增长，巴塞罗那的生活成本低于马德里等西班牙一线城市（OECD，2010）。

二、巴塞罗那促进旅游城市发展经验

举办奥运会是巴塞罗那城市转型发展的重要战略机遇。由于奥运会的巨大投资规模和严格的时限要求，给予了巴塞罗那其他城市发展战略难以达到的显著效果。总体来看，巴塞罗那通过举办奥运会促进城市发展的成功经验主要集中在以下五大方面。

（一）依托奥运会推广城市品牌形象

由于巴塞罗那并不是西班牙的首都，因此一直难以打造全球知名的城市品牌形象。在 1992 年奥运会之前的很长时间里，巴塞罗那在世界舞台上出现的机会并不多。奥运会为巴塞罗那城市提供了一个良好的契机，向全世界展示巴塞罗那的世界级地标建筑、生活方式、宜居氛围和城市精神。

在奥运会举办之后，为了防止奥运会带来城市品牌营销效应随时间递减，巴塞罗那持续地举办大型体育赛事来保持城市品牌营销的热度。1992 年奥运会以后，巴塞罗那成功举办了一级方程式赛车世界锦标赛、世界游泳锦标赛和世界室内田径锦标赛，巴塞罗那在全世界的体育爱好者心目中留下了深刻印象。

2004 年巴塞罗那举办了"2004 巴塞罗那环球文化论坛"，论坛共历时 141 天，包括 50 个大中型展览、47 个研讨会、56 场音乐会、31 台戏曲、300 场电影、4 台杂技、12 台音乐舞蹈表演等（OECD，2010）。巴塞罗那在利用文化论坛成功吸引全世界注意力的同时，还将举办论坛与落后地区改造、城市更新结合，在东巴塞罗那地区新建了酒店、休闲街区、大学校园、居民社区、会展设施等，促进了东巴塞罗那地区的发展。

（二）依托奥运会推进旅游城市建设

在 1992 年奥运会之前，巴塞罗那的旅游产业缺乏国际竞争力，城市的旅游设施陈旧、文化景点零散且老化，城市缺乏现代化的会展设施，也没有系统的旅游发展战略。通过举办奥运会，巴塞罗那将奥运会的影响效应拓展到整座城市乃至整个地区，大力推进城市风貌提升、旅游基础设施改造、旅游目的地营销，城市的旅游竞争力大幅度提升。1991 年，巴塞罗那的旅游业仅占城市经济总量的 4%，到了 2010 年这一指标上升到了 14%（OECD，2010）。

巴塞罗那在举办奥运会之后，对于城市文化产业的振兴并未停止，一直持续改造提升文化景点和基础设施，在市区建设了当代艺术博物馆、国家剧院、国家礼堂和当代艺术中心，并翻新了国家博物馆。现在，巴塞罗那丰富多样的文化旅游景点、现代化的酒店住宿设施深受国际游客喜爱。由于将城市旅游和海洋旅游紧密结合，巴塞罗那还是欧洲最受欢迎的邮轮母港城市之一。

为了在国际上保持知名度和影响力，巴塞罗那成立了名为"巴塞罗那旅游"的组织来开展旅游营销，推介非遗、美食、购物等产品，并宣传毕加索、米罗、高迪、达利等巴塞罗那著名的艺术家。巴塞罗那还通过发展会展旅游来提升城市知名度，巴塞罗那每年举办的会展数量排名全球前五。巴塞罗那已经成为巴黎、伦敦和罗马之后欧洲最受欢迎的旅游城市，每年接待 1800 万人次游客，其中 1100 万人次为过夜游客（OECD，2010）。

（三）依托奥运会促进城市更新发展

奥运会为巴塞罗那建设了城市发展所急需的重大基础设施，这些基础设施既保障了奥运会的顺利举办，又支持了巴塞罗那的长期经济增长，为城市带来了持久的红利。巴塞罗那为了保障奥运会参赛人员在住宿设施和场地之间的快速流动，修建了新的城市环线公路，有效地缓解了城市的交通拥堵，减少了城市的空气和噪声污染。巴塞罗那还对机场设施进行了改造提升，并建设了新的航站楼，以应对奥运会期间国内外交通量的增加，对巴塞罗那赛后经济的快速发展发挥了重要作用。

巴塞罗那通过合理地布局奥运场馆和相关设施，促进城市内部落后地区的城市更新，放大了奥运会对城市经济社会发展带来的综合影响。巴塞罗那将奥运村选址在市中心附近，通过奥运会区域的综合开发，使巴塞罗那重新连接到了海滨，并开发形成了城市周边的新居民社区。通过搬迁原有的铁路线，巴塞罗那整理盘活了新的土地资源，开发形成新的休闲海港、建设了城市休闲海滩，并将原有的工业用地重新规划为知识型企业发展用地。巴塞罗那依托奥运会契机开发建设"22@"高科技功能区，到 2009 年已经吸引 1502 家创新型企业入驻，能够提供 4.4 万个就业机会（OECD，2010），成为了全世界城市更新的典型成功案例。

（四）依托市民和企业举办全民奥运

巴塞罗那在举办奥运会的过程中充分调动市民力量，通过奥运会树立市民自豪感和信心，鼓励市民们充分参与到奥运会各个环节之中，让市民们充分享受到奥运会带来的发展红利，并形成了强烈的民族自豪感。从申办奥运会阶段开始，巴塞罗那就举行了声势浩大的志愿者运动，充分激发了市民的参与热情，数千名不同年龄和背景的市民参与到奥运会相关活动之中。由于市民的充分参与和支持，奥运会所配套的大量建筑工程得以顺利进行。巴塞罗那将奥运会工程与居民的居住环境改善相结合，居民借助奥运会的举办提升了生活质量，进而增加了对奥运会的支持程度。

（五）提升公共和私营部门协作水平

举办奥运会不仅是一项投资巨大的政府公共工程，而且是整个城市的综合性发展项目，要充分调动私营部门的积极性来参与。因此，巴塞罗那采用了紧密的公私合作的方式来举办奥运会，为奥运会的举办筹集了更多的资金，并有效地在公共政策制定过程中引入创新，优化了政府的治理结构。通过举办奥运会，巴塞罗那的公私部门协作水平得到了显著提升。例如，巴塞罗那旅游局就是公私合作的典范之一，它作为旅游营销推广部门就是一个私营机构，但是又接受来自政府和行业协会的补贴，在整合资源对外营销方面取得了很好的成效。

第二节　悉　尼

在申办奥运会之前，悉尼在全球范围内已经是一个著名的世界城市，拥有澳大利亚的经济中心、金融中心、高等教育中心等现代服务业功能，拥有优美的海滩、文化场馆等高等级旅游资源，居民生活质量较高，是澳大利亚的主要旅游城市、国际交通枢纽和对外交往中心。虽然悉尼没有打算利用举办奥运会来彻底实现城市的转型发展，但仍然在精心策划利用奥运会遗产来提升城市的品牌形象和国际竞争力。2000 年的奥运会成为了悉尼的经济社会高质量发展的催化剂（OECD，2010），悉尼现在不仅是世界闻名的旅游城市和宜居城市，其经济结构也非常多元化和具有竞争力，特别是金融产业、信息技术产业、文化产业等在澳大利亚处于龙头地位。

一、依托奥运会促进城市经济发展

据经济合作与发展组织估算，通过举办奥运会为悉尼新增的商业投资额为 6 亿澳元。悉尼奥运会的工程承包商和相关企业借承办奥运机会提高了商业声誉和国际化程度，悉尼拥有"几乎一半的澳大利亚跨国企业地区总部"，澳大利亚 2/3 的国际商务游客都将到访悉尼，悉尼作为全球性商业城市的地位进一步凸显（OECD，2010）。

1995～2000 年，在奥运会筹备期间，每年拉动悉尼所在的新南威尔士州经济增长 7.5 亿澳元、创造 1.01 万个就业岗位，在 2000 年的奥运会举办拉动新南威尔士州经济增长 17.0 亿澳元、创造 2.40 万个就业岗位，在奥运会举办之后的 2001～2005 年，奥运会仍每年拉动新南威尔士州经济增长 4.0 亿澳元、创造 3 千个就业岗位（OECD，2010）。

二、依托奥运会提升城市品牌形象

奥运会成为了悉尼面向全球观众推广城市品牌的重大营销事件，在奥运会历史上创下了多项曝光记录。来自全世界的 12000 多名电视媒体工作人员在 70000 平方米的国际广播中心向 200 个国家的 37 亿观众转播了奥运会，24000 多名媒体记者参加了奥运会，数量是 1992 年巴塞罗那奥运会的两倍，奥运会官方网站的浏览次数超过了 113 亿次。奥运会为澳大利亚企业增加国际曝光度带来的商业价值为 61 亿澳元。悉尼在 2009 年的城市品牌影响力已经位居世界第二（OECD，2010）。

三、依托奥运会促进旅游产业发展

在奥运会成功举办和悉尼品牌形象提升的共同促进下，悉尼的旅游产业在赛后得到了快速发展，城市的旅游吸引力、旅游产品体系和旅游服务设施进一步提升。2001 年悉尼入境旅游收入超过 60 亿澳元。悉尼奥运会的比赛场馆设施作为奥运遗产在赛后发挥了重要作用。悉尼奥林匹克公园在赛后成为了悉尼重要的旅游景点，游客接待人数从 2000 年的 470 万人次增长到了 2006 年的超过 800 万人次。悉尼奥林匹克体育场在 2006 年接待了 120 万人次观众参加各种活动（OECD，2010）。

四、依托奥运会更新城市基础设施

悉尼为了举办奥运会，对城市基础设施进行了约 80 亿澳元的投资，其中包括投资 20 亿澳元对悉尼国际机场进行改造，以提高旅客吞吐量（OECD，2010）。举办奥运会为悉尼留下了奥林匹克公园这个重要遗产，它拥有占地面积超过 425 公顷风景优美的公园，同时具有世界级的体育场馆和配套服务设施。在奥运会过后，奥林匹克公园的休闲功能和市场影响力持续提升，已经成为了悉尼乃至整个澳大利亚的宝贵财富。

通过举办奥运会，悉尼提升了整体城市风貌和生态景观，进一步完善了便民服务设施，城市的宜居性和居民生活质量进一步提升，又增强了对注重生活品质的创新型人才和高科技企业的吸引力。悉尼的中央商务区花费 3.2 亿澳元用于拓宽人行道、改善照明设施、增加文化氛围。位于悉尼纽因顿的奥运村被改造成为能容纳 5000 名居民的新社区。悉尼的奥林匹克公园区域通过营造"绿色校园"整体氛围，对高技能人才产生了独特魅力，已经吸引了 80 多家国际知名高科技企业入驻，成为了新南威尔士州的新商业中心区。2009 年，悉尼被评选为福布斯世界十大幸福城市之一（OECD，2010）。

五、依托公私部门合作筹办奥运会

悉尼奥运会在申办之初就已经在考虑赛后如何为城市留下宝贵遗产。"悉尼奥林匹克申办委员会"是由悉尼一些最有影响力的政府部门和私营企业组成，它们既是奥运会的管理组织中心，也是奥运会相关场馆设施的建设和交付中心。这种公私合作的管理模式，为奥运会带来了创新意识和专业技能，也提高了奥运会在规划、投资、管理、运营等环节的效率。从长远来看，悉尼奥运会的相关私营企业也利用奥运会的契机积累了国际声誉，为企业在奥运会后的快速发展奠定了坚实基础。

第三节 伦 敦

2012 年伦敦奥运会的成功举办，有效地扭转了社会对于残疾人能力的认识，提升了英国国民的自豪感和国家认同，推动了伦敦奥林匹克公园周边区域的建设，改善了周边区域的生活设施和宜居环境（London Sport，2023）。伦敦通过举办奥运会促进旅游城市建设的成功经验主要包括以下四大方面。

一、奥运场馆设施的可持续利用

伦敦奥运会在筹办之初就明确了避免建设赛后可能闲置的大型体育场馆的原则，只有在有坚实的商业可行性计划支撑、周边居民可以承担和利用的前提下，才会建设新的体育场馆（IOC，2019）。因此，在伦敦奥运会所使用的 37 座体育场馆中，只有 6 座是新建的永久性建筑。
这些新的体育场馆在设计之初就考虑到赛后可持续利用的问题，以避免
观众接待能力过剩。

伦敦的奥林匹克体育场、游泳中心都设计为在赛后可大幅度减少观
众承载容量。例如，奥林匹克体育场设计为包括 2.5 万个永久座位、
5.5 万个临时座位。同时，只有为永久座位服务的配套设施才建设为永
久性的，为临时座位服务的厕所、小卖铺、快餐店等配套设施都被建设
在体育场馆之外。

伦敦奥运会通过建设临时场馆来满足体育赛事需求，而不是传统的
修建永久场馆的模式，新建的临时体育场馆数量相当于悉尼、雅典和北
京奥运会的临时体育场馆之和。即使是临时场馆也充分考虑了赛后利用
的问题，对于临时建筑的拆解和再利用、整体迁移等进行了详细研究，
创新了大型体育赛事大规模使用临时建筑的实践。由于利用临时场馆较
多，伦敦得以将大量的体育场馆布局在市区，以保证运动员能在 30 分
钟的时间内从奥运村到达训练场或赛场，为运动员们提供顺畅高效的参
赛体验（IOC，2019）。

2013 年，英国上议院专门成立委员会审查奥运会遗产的使用情况，
监督伦敦奥运会在赛后是否实现了申办时提出的"建立一个更健康、更
成功的体育国家"的承诺，发现英国各级政府在奥运遗产管理机制、时
间框架和阶段目标等方面还存在混乱之处，缺乏清晰的责任方，呼吁由
相关部长和伦敦市长合作来保障奥运遗产符合社区居民利益，并能有效
支撑伦敦未来承办世界级体育赛事（House of Lords，2013）。

二、奥运会促进文体旅融合发展

伦敦奥运会将体育场馆与英国的历史建筑、世界遗产、历史遗迹和
城市地标结合起来，将壮美文化景观作为体育场馆的背景（IOC，

2019）。伦敦奥委会选取了皇家骑兵卫队阅兵场作为沙滩排球赛场，选取格林威治公园作为马术赛场，选取海德公园作为铁人三项赛场。还将场地拓展到了伦敦以外，选取汉普顿宫作为自行车计时赛场地，选取多塞特郡的侏罗纪海岸作为帆船赛事场地。伦敦奥运会的马拉松等道路赛事将大本钟、威斯敏斯特宫、威斯敏斯特教堂、利德贺市场、圣保罗大教堂、伦敦塔、伦敦眼、白金汉宫等城市著名地标串联起来了。

伦敦市在奥运结束四年后的 2016 年对伦敦奥运会的经济效应进行了评估。截至奥运会结束四年后，奥运会给英国带来的投资和贸易总收益达到了 142 亿英镑，而且还在不断地增加。2015～2022 年，英国企业从高价值的全球体育项目中获得了近 7.3 亿英镑的合同，其中包括来自 2016 年里约奥运会的 1.5 亿英镑合同。因为奥运会的影响带动，伦敦作为世界级旅游城市的吸引力进一步提升，这四年间英国增加了近 350 万游客，带来了 21 亿英镑的旅游收入（Mayor of London，2016）。

三、奥运会促进伦敦东区城市更新

伦敦东区是伦敦闲置土地最多的地区，也是经济社会发展最为落后的地区，有成片的土地受到严重污染急需治理。伦敦作为世界城市要保持全球竞争力，提升经济的多样性和可持续性，促进创业产业和现代服务业的发展，必须解决伦敦东区问题。伦敦奥运会从申办之初就把伦敦东区的城市更新问题、可持续发展问题与奥运会紧密结合起来了，制定了奥运遗产总体规划和战略框架，成立了奥林匹克公园遗产公司来管理奥运赛后遗产（OECD，2010）。

在奥运会的带动下，伦敦东区迎来了前所未有的发展机遇，奥林匹克公园和奥运村相继建设在伦敦东区。2013 年，伦敦奥林匹克公园改名成为伊丽莎白女王奥林匹克公园，体育场馆设施恢复到了赛前规划的永久接待能力，以便用来承接国际性、全国性的赛事。奥运村将被改造成为伦敦东区具有6800套住宅的新居民社区。同时，在奥林匹克公园入口处投资17亿英镑建设了购物中心和多功能综合体，为伦敦东区配套了学校、医疗中心、基础设施和交通设施（IOC，2019）。

奥运遗产要产生显著的区域经济效应，首先应该关注本地居民、本地企业和本地利益相关者，其次要鼓励本地居民参与、积极创造本地利益，让居民具有获得感，而不是成为毫无相关的旁观者。单纯的精英赛事活动可能会引发本地居民的严重对立情绪（OECD，2010）。

英国上议院奥运会遗产审查委员会认为伦敦东区的城市更新是伦敦申办奥运会的核心任务和重要承诺。城市更新项目的时间周期比奥运会项目更长，但是收益也更大。在通过奥运会创造本地就业机会的同时，还应同步提升当地居民的工作技能，才能确保工作机会被当地居民所获得（House of Lords，2013）。

四、奥运会促进英国全民健身发展

在英国，肥胖已经成为一种流行病，政府希望通过举办奥运会来激励群众参加全民健身运动（House of Lords，2013）。2011~2016年，英国体育协会在2800多个居民社区的体育设施上投资了1.93亿英镑，并积极投资于学校的体育设施。大伦敦都市区政府和合作伙伴建造、翻新或升级了100多个社区体育设施，超过45万伦敦居民从社区体育项目中受益（Mayor of London，2016）。英国希望通过在学校里给予体育更多的重视，加强体育俱乐部和学校之间的互动，建设更广泛的社区体育设施，最终在居民中建立终身运动的生活模式（House of Lords，2013）。

英国希望通过举办残奥会改变人们对残疾人运动的普遍看法（House of Lords，2013）。2013年以来英国设立残奥日，意图在2012年伦敦奥运会的基础上，鼓励残疾人参与体育运动，扭转人们对残疾人的看法（Mayor of London，2016）。英国有18个专业研究机构支持建筑环境专业教育计划，以共同建设一个更加包容的无障碍环境。与 2005 年伦敦申奥时相比，2016 年英国参加体育运动的残疾人增加了 22.2 万人（Mayor of London，2016）。

第四节　里约热内卢

里约热内卢是巴西的第二大城市，也是巴西最为著名的旅游城市，拥有科帕卡巴纳海滩、里约热内卢基督像和巴西国家博物馆等著名旅游资源，是巴西狂欢节的举办地。2016 年里约热内卢奥运会是首届在南美洲举办的现代奥运会。里约奥运会克服了场馆建设进度、安全保障等诸多问题，取得了圆满的成功，并有效地促进了旅游城市的全面发展。

一、依靠本地供应商拉动经济增长

2016 年的里约奥运会面临来自经济和政治各方面的挑战，里约奥组委通过严控预算规模、提高运营效率、增加本地采购等方式，在保障赛事顺利举办的前提下，缩减了赛事的资金投入，并扩大了奥运会对国民经济的拉动作用。

2016 年里约奥运会的赛事筹备和举办费用主要来自私营部门，包括赞助费、转播权销售、国际奥委会转移支付、门票销售和特许商品销售等。里约奥运会相关的基础设施和配套设施建设则由政府以公私合作的方式建设。里约奥运会在战略规划和详细规划阶段进行了多轮预算审查，有效地减少了赛事举办费用。例如，在不影响艺术价值和震撼性体验的前提下，里约奥组委以伦敦奥运会 1/10 的成本成功地举办了奥运会开幕式（Rio 2016，2018）。

奥运会规模的赛事会给当地和全国带来直接和间接的经济效益。里约奥组委共创造了 5500 个就业岗位，为奥运会和残奥会设施提供服务的供应商共创造了 9 万个就业岗位。截至 2016 年，里约奥组委采购产品和服务的合同总额达到 41 亿雷亚尔（巴西雷亚尔），其中 82.7% 的供应商来自巴西本地。2200 家中小企业为奥运会提供了价值超过 4.5 亿雷亚尔的产品和服务。里约奥运会的门票输入也超出了预期，奥运会共售出了 620 万张门票，残奥会共售出了 210 万张门票，来自世界各地的体育爱好者前来观看奥运会赛事，为当地的旅游业创造了大量收入（Rio 2016，2018）。

二、实现城市基础设施的跨越发展

里约热内卢通过举办奥运会振兴了位于市中心的马拉维利亚港区域，将一个衰退的 500 万平方米地区转变为城市的主要文化和旅游场所，建设了奥林匹克大道，大大加速了城市基础设施的建设进度。里约热内卢建设了现代化的大容量公共交通系统。在里约热内卢被提名为奥运会申办城市时，只有 18% 的城市居民使用大容量公共交通系统。在奥运会的推动下，2018 年这一比例上升到 60%（Rio 2016，2018）。里约热内卢新建的公共交通系统包括四条快速公交线路（BRT），将里约热内卢偏远的郊区与城市其他地区连接起来。此外，还建设了将市中心与郊区连接起来的铁路网络，建设了环绕市中心运行的轻轨交通线路（LRT），以及新建了 450 公里自行车道。里约奥运会还实现了场馆和设施的无障碍环境建设，保障参赛人员和观众的无障碍体验（Rio 2016，2018）。

三、贯彻可持续发展奥运会的理念

里约奥运会的筹备和举办过程中，将环境责任纳入了整体的组织目标，建立了可持续发展管理体系，包括对项目和设施、采购和合同、财务、人力资源和风险的各环节的管理。

里约奥运会共使用了 37 个比赛场馆和 26 个训练场馆，里约残奥会共使用了 22 个比赛场馆和 4 个训练场馆。其中，按照面积计算 79% 的场馆是沿用现有场馆，9% 的场馆是为奥运会建造的临时建筑，而只有 12% 的场馆是为奥运会新增的永久建筑，它们将被作为奥运会遗产保存下来（Rio 2016，2018）。里约奥运会在场馆建设过程中强调可持续发展理念，巴拉奥林匹克公园的建筑在奥运会后被拆解并完全循环利用，国际广播中心的内部建筑材料在 2018 年平昌冬奥会和 2020 年东京奥运会上被重复使用，未来竞技场完全由可重复利用的预制建筑模块组装而成，三个卡里奥卡竞技场在奥运会后分别用作运动中心、赛事场地、训练场地和体育学校等用途，里约奥组委总部大楼在奥运会后被拆解并实现了 80% 的设施再利用。里约奥运会的可持续发展理念还面向体育爱好者。在里约奥运会购买的 3000 多万件物品中，有约 2 万件在里约奥运会拍卖网站上出售，拍卖的物品包括各国代表团旗帜、接力棒、比赛用球等，来自全世界任何地方的买家都可以投标购买（Rio 2016，2018）。

里约奥组委还依托体育运动推进可持续旅游的发展。在联合国环境规划署的"绿色护照"运动的支持下，里约奥组委向奥运会观众介绍了绿色旅游相关提示，鼓励在旅游过程中采取负责任的旅游方式，尊重自然环境和当地文化，支持本地社区的社会经济发展和文化传播，在奥运会期间有效地通过体育旅游活动促进了旅游目的地可持续发展。

四、鼓励全体居民共同参与奥运会

在里约奥组委成立之初，就提出了为每个人举办奥运会的承诺。

在奥组委的相关雇员中营造包容性的文化氛围、提供人人平等的工作条件，在奥运会和残奥会期间面向不同类型的观众提供高质量的服务。同时，鼓励本地居民积极参与到奥运会的筹备和举办过程中，不仅要鼓励里约热内卢本地居民参与进来，也要鼓励巴西国民参与进来。

里约奥运会火炬传递激发了巴西人民对奥运会的热情。奥运火炬在 3 个月内穿越了 323 座巴西城市，穿越高速公路、城镇和乡村，团结了不同种族和信仰的人民，在整个旅程中传递了奥林匹克价值观。

里约奥运会共为 5000 多名工作人员和大约 4 万名志愿者提供了高质量的培训，以多样性和包容性为核心，营造一个有利于专业、职业和技能发展的工作环境，依托奥运会为城市积累了宝贵的人力资本（Rio 2016，2018）。里约奥运会还将教育项目带入学校，在奥运会筹备期和举办期向学生宣传奥运会和残奥会的价值观，并向 47837 名学生赠送了奥运会门票（Rio 2016，2018）。

第五节　东　京

东京通过举办奥运会有效地促进了城市在经济、社会和生态等方面的综合发展。2020 年东京奥运会共使用了 18 座体育场馆设施，提升了东京都的世界级体育设施配套水平。东京奥运会共举办了 16 万场文化活动并吸引了 3900 万人次观众参加体验，通过奥运会弘扬了日本民族文化，促进了文体旅融合发展。通过举办奥运会，东京推动了全民健身的发展，共有 8 万名志愿者参加了奥运会，东京居民的体育运动参与率从 2012 年的 53.9% 提升到了 2021 年的 68.9%（东京都政府，2023）。

一、依托奥运会促进旅游城市建设

（一）加强奥运场馆设施赛后利用

东京通过举办奥运会大幅度提高了城市的体育设施服务能力。东京奥运会共新建了6座永久性体育场馆，仅占所有体育场馆的19%，其余体育设施主要依靠现有场馆或新建临时场馆来解决。在对现有场馆进行改建更新的过程中，新增了先进的无障碍进入功能，例如轮椅观赛席、残疾人游泳池等，以满足包括残疾人在内所有人的体育运动需求。2020年东京奥运会赛后，将充分利用奥运会遗产形成的包括18个体育场馆的东京都体育场馆网络，预计到2030年每年使用体育场馆的人数将达到310万人次（东京都政府，2023）。在面积达27公顷的奥运村基础上，东京将建设一座包括住宅、商业和教育等功能的小镇。

（二）建设通往东京湾区的交通通道

依托2020年东京奥运会的举办，东京引进了快速公交系统（BRT）作为支持城市发展的重要基础设施，新增了地铁线路，并大力提升城市的自行车友好性，将城市的自行车骑行慢道增加到了339公里，并基本移除了东京城市核心区道路沿线的电线杆。东京还通过改善港口设施、增加水上航线、建设邮轮码头、鼓励渡轮运输等方式，来发展东京的水上交通，建设有活力的滨水区域（东京都政府，2023）。

（三）依托奥运会建设无障碍环境

东京利用奥运会契机大力推进无障碍环境建设。截至2023年，东京97%的火车站加装了电梯，地铁站台的屏蔽门安装率达到了85.5%，有560公里东京都政府管理的道路实现了无障碍改造，并建设了3200

个无障碍酒店房间。东京被私营企业雇佣的残疾人从 2012 年的 14.1 万人增加到 2021 年的 21.9 万人。未来，东京还将进一步利用通用设计原则指导城市发展，在自动驾驶、需求响应交通服务、公园、公共厕所、出租车、线上导览等领域实现无障碍突破，并在 2021～2030 年将在私营企业工作的残疾人数再增加 4 万人（东京都政府，2023）。

二、依托奥运会发展全民健身体系

东京奥运会积极鼓励本地市民参与其中，并促进全民健身的发展。东京奥运会共招募了 8 万名志愿者，举办了 14 万场奥组委认证的活动，包括场馆参观、赛事体验等多种类型，共有来自日本全国各地的 1.7 亿人次居民参与各种活动。东京在奥运会背景下提出了将全市建成一个大型运动场的理念，实施了包括筹办大众型体育赛事、在居民社区推广体育运动、建立地方体育俱乐部、设立体育推广委员会工作坊等举措，取得了显著成效。2012～2021 年，每周至少参加一次体育运动的东京市民比重从 53.9% 上升到 68.9%，并规划在 2030 年将这个比重进一步提升到 30%（东京都政府，2023）。

东京残奥会及相关的赛事体验项目增强了残疾人运动的社会基础，在人口老龄化的背景下，很多失能或半失能老年人也是残疾人，促进残疾人的全民健身至关重要。东京通过增强体育场馆无障碍功能、建设残疾人体育中心、培训残疾人体育指导员、建立残疾人运动服务“时间银行”、打造无障碍社区运动环境、推广残疾人体育通用设计小组等方式，促进了残疾人和老年人全民健身事业的发展。2021 年，东京 35.4% 的残疾人每周至少运动一次，东京都政府规划将这一指标在 2030 年提升到 50%（东京都政府，2023）。

东京利用举办奥运会的机会促进体育和青少年教育结合，将奥运会和残奥会的教育内容面向东京 2300 所公立学校的 100 万学生展示，结合奥运精神、运动、文化和环境四大主题，培养学生的学习、观察、实践和支持等四方面能力。2023 年，东京的儿童中 75% 有志愿服务意识、92% 能够理解残疾人需求、92% 具有体育运动意识、87% 具有日本国民自豪感、80% 具有强烈的国际意识（东京都政府，2023）。

三、依托奥运会促进文旅融合发展

东京结合奥运会举办了"东京东京文化节"（Tokyo Tokyo FESTI-VAL）等一系列文化节庆活动，在国外的巴黎等城市也举办了日本文化展（Tandem Paris – Tokyo 2018）等活动。东京在涩谷区建立了原生艺术的展示、交易和推广中心，让更多的普通市民能够接触和体验艺术。2016～2021 年，来自世界各地的 3900 万人参加了"东京东京文化节"的 16 万场文化活动，有效地促进了文体旅融合发展，丰富了奥运会的产品体系，为日本奥运会注入了深厚的本土文化内涵。在东京市民中，愿意参加文化活动的比重从 2019 年的 45.1% 上升到了 2021 年的 75.3%（东京都政府，2023）。在奥运会后，东京还将通过鼓励青少年体验艺术、支持居民艺术创作、举办艺术论坛、搭建线上艺术和设计平台、补贴艺术家创作等方式继续发展公共文化事业。

东京依托奥运会设施建设完善城市的旅游标识导览和集散服务体系，通过奥运会赛事传播提升城市的全球品牌形象和旅游吸引力。东京每年接待的国外旅游者人数从 2012 年的 556 万人次增长到了 2019 年的 1518 万人次，入境旅游消费也随之从 4401 亿日元增加到了 12650 亿日元（东京都政府，2023）。在奥运会过后，东京将充分利用奥运会遗产进一步加强旅游营销推广和世界旅游城市建设，促进东京都与日本其他旅游目的地的整合，积极申办大型国际展会，规划 2030 年接待国外旅游人数超过 3000 万人次、入境旅游消费超过 27000 亿日元（东京都政府，2023）。

第五章 国外体育旅游城市案例

四、依托奥运会促进可持续发展

东京着力于举办一场"负碳"奥运会，通过奥运会促进城市的绿色转型和可持续发展。与未采取任何措施的普通情景相比，在整个奥运筹备和举办周期东京共减少了 106.7 万吨二氧化碳排放，实现了用于奥运会的电力 100% 来自可再生能源。东京可再生能源的使用率从 2012 年的 6.0% 上升到了 2020 年的 19.2%，东京的二氧化碳排放从 2012 年的 6990 万吨下降到了 2020 年的 5990 万吨（东京都政府，2023）。在奥运会过后，东京将继续采取强制新建筑安装光伏发电设备、鼓励新能源汽车使用、建设氢能示范小镇等方式，促进城市的可持续发展。规划到 2030 年，东京的温室气体排放和能源消费量将比 2000 年减半，可再生能源的使用率将达到 50%（东京都政府，2023）。

东京积极在奥运会中贯彻绿色发展理念。奥运会赛事所使用的各类物品中有 99% 实现了再次使用或回收利用，奥运会赛事所产生的 2900 吨废弃物中有 62% 实现了回收利用。2020 年东京奥运会的约 5000 枚奖牌是从 7.9 万吨废弃的小型家用电器和 621 万部老旧手机中提炼出来的，98 个奥运领奖台是用废旧塑料瓶制造的。在奥运会过后，城市绿色发展的理念还将延续下去。东京通过回收利用资源促进循环经济建设，规划到 2030 年将城市固体废弃物的回收利用率提升到 37%，与 2017 年相比将塑料垃圾焚烧率减少到 40%，与 2000 年相比将食物废弃物减少一半（东京都政府，2023）。

117

下篇

体育旅游发展的
北京实践

第六章

北京体育旅游发展战略环境

北京是世界上首座"双奥之城",是中国的文化中心和国际交往中心,也是中国最重要的世界级旅游城市,拥有非常丰富的奥运遗产、体育资源、文化资源和旅游资源,未来体育旅游发展具有巨大潜力,将成为国家体育旅游战略的重要承载地。

第一节 国家体育旅游战略背景

一、体育强国建设纲要

2019 年 8 月,国务院办公厅印发的《体育强国建设纲要》指出,到 2035 年,我国体育产业更大、更活、更优,成为国民经济支柱性产业。到 2050 年,我国全面建成社会主义现代化体育强国,人民身体素养和健康水平、体育综合实力和国际影响力居于世界前列。

其中,体育旅游等消费新空间是加快发展体育产业,培育经济发展新动能的重要内容。通过推动与共建"一带一路"国家在体育旅游方面深度合作，打造"一带一路"精品体育旅游赛事和线路，体育旅游还能加强对外和对港澳台交往，服务中国特色大国外交和"一国两制"事业。

二、关于构建更高水平的全民健身公共服务体系的意见

2022 年 3 月，中共中央办公厅、国务院办公厅印发的《关于构建更高水平的全民健身公共服务体系的意见》提出，到 2035 年我国将全面建立与社会主义现代化国家相适应的全民健身公共服务体系，经常参加体育锻炼人数比例将达到 45% 以上，体育健身和运动休闲成为普遍生活方式，人民身体素养和健康水平居于世界前列。

我国将加强冰雪、山地等户外运动营地及登山道、徒步道、骑行道等设施建设，在现有郊野公园、城市公园中因地制宜配建一定比例的健身设施。支持利用山地森林、河流峡谷、草地荒漠等地貌，建设特色体育公园，在河道湖泊沿岸、滩地等地建设健身步道。我国可利用的水域、空域、森林、草原等自然区域将试点向户外运动开放，生态空间的可进入性进一步增强，旅游景区的体育产品进一步丰富，体育和旅游的融合程度进一步深化。

三、关于促进全民健身和体育消费推动体育产业高质量发展的意见

2019 年 9 月，国务院办公厅印发《关于促进全民健身和体育消费推动体育产业高质量发展的意见》，提出实施"体育＋"行动，鼓励体旅融合发展。主要内容包括"探索将体育旅游纳入旅游度假区等国家和行业标准。实施体育旅游精品示范工程，打造一批有影响力的体育旅游精品线路、精品赛事和示范基地。规范和引导体育旅游示范区建设。将

登山、徒步、越野跑等体育运动项目作为发展森林旅游的重要方向"。

四、关于加强全民健身场地设施建设发展群众体育的意见

2020 年 9 月，国务院办公厅印发《关于加强全民健身场地设施建设发展群众体育的意见》，对全民健身场地设施建设倡导复合用地模式，支持对健身设施和其他公共服务设施进行功能整合，在不改变、不影响建设用地主要用途的前提下，鼓励复合利用土地建设健身设施。

我国在建设全民健身中心、多功能运动场、体育公园、健身步道、健身广场、小型足球场等体育健身设施时，可以与图书馆、文化馆、美术馆、博物馆、艺术演出场所等公共文化设施，以及旅游景区、度假区、休闲街区、游客服务中心等旅游休闲设施实现功能整合和土地复合利用。

五、"十四五"体育发展规划

《"十四五"体育发展规划》指出，"十四五"时期我国的体育产业总规模达到 5 万亿元，增加值占国内生产总值比重达到 2%，居民体育消费总规模超过 2.8 万亿元，从业人员超过 800 万人。

我国将打造现代体育产业体系，实施"体育+"工程，大力发展体育旅游等产业，打造 100 个国家体育旅游示范基地，支持北京、河北加快建设京张体育文化旅游带。

六、"十四五"旅游业发展规划

《"十四五"旅游业发展规划》指出，到 2025 年，我国旅游业发展水平将不断提升，现代旅游业体系更加健全，旅游有效供给、优质供

给、弹性供给更为丰富，大众旅游消费需求得到更好满足。展望 2035 年，我国旅游需求多元化、供给品质化、区域协调化、成果共享化特征更加明显，旅游业综合功能全面发挥，整体实力和竞争力大幅提升，基本建成世界旅游强国。

我国将深入推进"旅游＋"和"＋旅游"战略，推进旅游与体育相加相融、协同发展，延伸产业链、创造新价值、催生新业态，形成体旅融合发展新局面。我国将实施体育旅游精品示范工程，以北京冬奥会、冬残奥会等重大体育赛事为契机，打造一批有影响力的体育旅游精品线路、精品赛事和示范基地，规范和引导国家体育旅游示范区建设。

七、全民健身计划（2021－2025 年）

《全民健身计划（2021－2025 年）》指出，在"十四五"时期要促进体旅融合发展。通过普及推广冰雪、山地户外、航空、水上、马拉松、自行车、汽车摩托车等户外运动项目，建设完善相关设施，拓展体育旅游产品和服务供给。打造一批有影响力的体育旅游精品线路、精品赛事和示范基地，引导国家体育旅游示范区建设，助力乡村振兴。

八、户外运动产业发展规划（2022－2025 年）

《户外运动产业发展规划（2022－2025 年）》指出，我国户外运动场地设施持续增加、普及程度大幅提升、参与人数不断增长，到 2025 年户外运动产业总规模将超过 3 万亿元。展望 2035 年，户外运动产业将成为促进人民群众身心健康、提升获得感和幸福感、推进体育产业高质量发展和体育强国建设的重要力量。

我国将完善以户外竞赛表演和健身休闲为核心，户外教育与培训、户外节庆与会展、体育旅游等业态共同发展、量质齐升的户外运动服务业发展体系。推进户外运动与旅游深度融合，以徒步、骑行、汽车自驾、航空运动等项目串联景区景点、度假区。支持户外运动与文化产业融合，开展户外运动电影、纪录片、摄影、动漫、收藏品等创作及展示展览活动，发展户外运动文化产业。

第二节　北京市体育旅游发展战略

一、北京市国民经济和社会发展第十四个五年规划和2035年远景目标纲要

2021年1月，《北京市国民经济和社会发展第十四个五年规划和2035年远景目标纲要》（以下简称《纲要》）提出了以筹办北京2022年冬奥会和冬残奥会为契机，带动全民健身、竞技体育、体育产业全面发展，加快建设体育强市的战略目标。

《纲要》提出要集聚发展冰雪体育产业，推动共建京张文化体育旅游带，加快延庆国家体育产业示范基地发展，建设国际级冰雪赛事举办地和训练营地，打造以冰雪运动休闲、四季山水度假为主的世界知名冰雪小镇。到2025年，北京市参与冰雪运动人数达到1000万人。

《纲要》提出要加强奥运遗产综合保护和开发利用，因地制宜谋划好国家高山滑雪中心、首钢滑雪大跳台等冬奥场馆可持续利用，"一场一策"制订赛后利用方案，打造奥运遗产可持续发展的标杆。

《纲要》提出要弘扬奥林匹克精神，以体育交流拓展人文和经济交流，加强与国外城市的体育合作和民间友好往来，展示大国首都良好形象。

二、北京市"十四五"时期文化和旅游发展规划

《北京市"十四五"时期文化和旅游发展规划》提出了到 2035 年"初步建成世界文化名城和世界旅游目的地城市"的战略目标，以及"一核一轴、四极四带、多板块"的文化旅游空间格局。

"四极"是指构建副中心、北京大兴国际机场、新首钢、奥林匹克中心区四大文化旅游增长极。其中，北京西部建设以首钢工业遗存保护利用为特色的国际文化体育创意旅游区。北京北部依托奥林匹克中心区大力发展文旅体产业和会议会展业。

"四带"是指大运河文化旅游休闲带、长城文化旅游休闲带、西山永定河文化旅游休闲带、京张体育文化旅游带。其中，要加快建设京张体育文化旅游带，按照"体育＋文化旅游"模式，推动人民群众共享奥运红利，为京津冀协同发展注入新内涵。

北京拓展旅游业态领域、推进体育运动旅游发展的重点任务包括：（1）建设京张体育文化旅游带，拓展体育旅游产业链，打造服务全国、辐射全球的体育、休闲、旅游产业集聚区；（2）完善奥林匹克中心区国际体育文化旅游交流功能，积极推动具有国际影响力的顶级体育赛事落户北京，打造国际体育赛事集聚地；（3）支持新首钢地区加快建设成为集专业体育竞技、世界时尚运动精品体验与高端服务业于一体的体育产业示范区；（4）持续提升中国网球公开赛、北京马拉松等体育赛事影响力，打造一批国家级体育旅游精品路线；（5）积极开发冰雪运动旅游，加快推出北京延庆—张家口崇礼冰雪旅游系列产品。

三、"十四五"时期健康北京建设规划

《"十四五"时期健康北京建设规划》提出到 2035 年建成"国家全

民健身典范城市和首都国际体育名城"的战略目标，首都体育的市民亲和力、经济贡献力、文化软实力、世界影响力更加彰显，建设体育强市成效显著。其中，重点任务包括：

（1）推动体育赛事新发展。加强与国际体育组织及高水平职业俱乐部合作，鼓励引进国际顶级商业体育赛事。支持北京体育职业俱乐部建设与发展，鼓励职业俱乐部市场开发，培育体育赛事经纪服务能力，加快构建职业赛事全产业链。创新赛事文化，提升职业联赛品质，打造北京"金牌球市"。支持体育赛事与文化娱乐深度结合，推进体育竞赛表演业创新发展。鼓励体育社会组织和市场主体举办电子竞技比赛活动。

（2）促进体育消费新增长。拓展马术、击剑等精品体育运动项目发展空间，构建以健身休闲业、竞赛表演业为龙头的体育产业体系，发展体育中介咨询、体育产品研发等体育服务，释放体育消费潜力，助力国际消费中心城市建设。鼓励发展赛艇、皮划艇、帆船等水上运动项目。调整完善体育彩票消费结构。聚集体育资源，发展夜间体育经济，将"8·8北京体育消费节"打造成国内知名品牌。对开发奥运遗产资源进行谋篇布局，支持举办各类体育展会，提高体育企业产品和服务质量，扩大首都市民体育消费结构占比。坚持体旅融合，发展体育旅游项目，协同建设京张体育文化旅游带。

（3）推进京津冀体育健身共建共享。建立京津冀体育部门联席会议机制。以京津冀体育设施布局、体育组织建设、健身休闲和赛事活动组织融合互补为重点，大力推进三地体育事业协同发展。重点开发京津冀地区房车露营、山地越野、徒步登山、公路骑行、攀岩等体育旅游项目，推进京津冀三地体育赛事表演市场、体育营地，特别是体育人才培养无障碍衔接，举办京津冀冰雪、"三大球"、乒乓球、羽毛球等赛事活动，打造立足区域、服务全国、辐射全球的体育、休闲、旅游产业集聚区。

四、北京市体育设施专项规划（2018 – 2035 年）

《北京市体育设施专项规划（2018 – 2035 年）》研究体育休闲需求发展趋势后指出，"体育消费由简单参与到深度体验，在体育旅游领域尤为明显"。

体育旅游是旅游产业和体育产业融合的新兴产业形态，以体育运动为核心，以现场观赛、参与体验及参观游览为主要形式，以满足健康娱乐、旅游休闲为目的，向大众提供相关产品和服务的一系列经济活动，涉及健身休闲、竞赛表演、装备制造、设施建设等业态。总体规划提出联合张家口市，建设京张体育文化旅游带。未来北京应打造"体育 + 旅游"的相关产品，建设一批体育旅游目的地，打造多条体育旅游精品线路。

应鼓励体旅融合发展，探索将体育旅游纳入旅游度假区等国家和行业标准。实施体育旅游精品示范工程，打造一批有影响力的体育旅游精品线路、精品赛事和示范基地。规范和引导体育旅游示范区建设。将登山、徒步、越野跑等体育运动项目作为发展森林旅游的重要方向。

五、北京市全民健身场地设施建设补短板五年行动计划（2021 – 2025 年）

《北京市全民健身场地设施建设补短板五年行动计划（2021 – 2025 年）》指出，到 2025 年，北京市全民健身场地设施空间布局更加均衡，群众身边的健身场地设施有效供给大幅增加，户外运动公共服务设施逐步完善，全民健身产品和服务更加丰富。北京市人均体育场地面积达到 2.82 平方米以上，全市新建社会足球场地 380 块，新建或改扩建体育公园 32 个，新建或改扩建全民健身中心（小型体育综合体）20 个，全市新增公共体育用地面积287.27公顷。

要推进京张体育文化旅游带户外设施建设。以举办2022年冬奥会和冬残奥会为契机，充分利用冬奥冰雪资源带动京张及周边地区体育产业发展，通过资源优势互补，形成聚集、辐射效应。深化京张两地协同合作机制，共同开发攀岩、滑板、轮滑、自行车、徒步、航空运动等户外运动类项目，探索产业新业态、消费新模式，实现体育与文旅、商业设施的融合发展。

六、北京市全民健身实施计划（2021-2025年）

《北京市全民健身实施计划（2021-2025年）》预测，到2025年北京市经常参加体育锻炼人数比例达到53%，全民健身示范街道和体育特色乡镇力争实现全覆盖，市、区、街道（乡镇）、社区（行政村）四级公共健身设施实现全覆盖，人均体育场地面积达到2.82平方米以上，每千人拥有社会体育指导员3.4名，体育产业发展质量不断提高。

要促进体旅融合发展。推广普及山地户外、马拉松、冰雪、自行车、汽车摩托车、水上、空中等户外运动项目。鼓励生态涵养区、旅游景区、旅游度假区等区域完善体育设施、融入体育元素。持续打造体育旅游精品景区、精品赛事、精品项目、精品线路，发挥好体育产业示范基地的引领作用。规范体育旅游融合发展标准。协同建设京张体育文化旅游带。

七、京津冀体育产业协同发展规划

《京津冀体育产业协同发展规划》指出，到2025年，京津冀将联手打造10个以上国家级体育产业基地（包含国家体育产业示范基地、国家体育产业示范单位、国家体育产业示范项目），精品体育赛事20项以上、品牌业余体育赛事 30 项以上，体育旅游休闲项目 50 项以上，品牌体育会展 10 个，体育产业总规模超过 7000 亿元，基本形成具有一定影响力的奥运资源功能区域、较强的体育产业协同创新发展引领区域和最具经济活力的体育服务业集聚区域。

根据京津冀自然资源禀赋，《京津冀体育产业协同发展规划》提出了贯通京津冀的六条特色旅游休闲产业带，分别为：

（1）草原健身休闲产业带。在北京延庆、河北张家口、承德等地，充分利用自然资源特点，支持开展自驾、骑马和滑草等运动项目。在河北坝上地区布局一批草原运动休闲、民俗体育体验基地。

（2）山地健身休闲产业带。沿燕山山脉走向，将北京的延庆、怀柔、密云、平谷，天津的蓟州，河北的张家口、承德、秦皇岛等地连接成带；沿太行山山脉走向，将北京的门头沟、房山与河北的张家口、保定、石家庄、邢台、邯郸等地连接成带，建设燕山、太行山山地运动休闲基地，开展山地越野、定向、户外露营、徒步、攀岩、漂流、山地自行车等健身休闲运动。

（3）湿地水库健身休闲产业带。发挥三地湿地水库资源优势，利用北京的稻香湖自然湿地公园、翠湖湿地公园、密云水库、十三陵水库，天津的永定河故道国家湿地公园、大黄堡湿地自然保护区、七里海湿地、团泊湖湿地、北大港湿地、团泊洼水库，河北的白洋淀湿地、衡水湖湿地、南大港湿地、滦河河口湿地、坝上湿地、滹沱河、易水湖、潘家口水库、官厅水库等区域，布局建设一批水上运动休闲基地，开展徒步户外、垂钓、龙舟、摩托艇、皮划艇等休闲运动项目，打造自然与运动休闲融合发展的户外亲水休闲运动产业带。

（4）滨海健身休闲产业带。沿海河水系、滦河水系、京杭大运河水系及渤海湾，支持开展水上、航海运动。发挥天津、河北秦皇岛、唐山、沧州等地黄金海岸线资源优势，突出海洋特色，大力发展海洋经济类、海洋休闲类和竞赛表演类体育运动项目，打造成国家级海洋体育休闲产业引领示范区、京津冀海岛体育旅游休闲基地、北方海滨运动休闲产业基地。

（5）冰雪健身休闲产业带。建设延庆、蓟州、崇礼、沽源、滦平和围场等冰雪休闲运动基地，开展冰雪健身休闲运动，辐射北京平谷、密云、昌平等区冰雪产业发展。突出张家口"冰雪＋温泉"、承德"冰雪＋皇家文化"核心作用，发展冰雪大众休闲健身、竞赛表演等冰雪休闲运动产业，打造张家口世界冰雪体育旅游胜地、国家冰雪产业发展示范区。

（6）航空休闲体育产业带。以河北25个通航基地为基础，以天津和北京延庆的通航基地为补充，支持开展航空运动，发展航空休闲体育产业。利用河北保定江城机场、张承草原陆地资源和秦唐沧滨海、白洋淀、衡水湖等水上资源，建设航空飞行基（营）地。

八、京张体育文化旅游带建设规划

京张体育文化旅游带是北京体育旅游发展的核心区域，《京张体育文化旅游带建设规划》提出了其发展定位（文化和旅游部等，2022）：

（1）奥运场馆赛后利用国际典范。推动奥运场馆综合利用和低碳运行，拓展奥运场馆赛后利用功能，提高赛后利用综合效益，推进后奥运经济可持续发展，打造奥运场馆赛后利用国际典范。

（2）国际冰雪运动与休闲旅游胜地。依托奥运品牌国际影响力，充分利用奥运遗产，整合区域优势资源，大力发展后奥运经济，开发一批具有国际品质的冰雪运动和休闲度假产品，打造具有世界影响力的国际冰雪运动与休闲旅游胜地。

（3）全民健身公共服务体系建设示范区。以奥运场馆赛后利用为重点，大力发展全民健身运动，推动建设多元运动休闲空间，促进大众健身场馆设施建设，举办高质量赛事活动，满足人民群众健身需求，打造全民健身公共服务体系建设示范区。

（4）体育文化旅游融合发展样板。通过资源整合与产业融合，打造一批特色鲜明、影响广泛的体育赛事品牌、旅游品牌和主题文化名片，培育一批产业深度融合、链条相互嵌入、绿色低碳可持续的业态和载体，促进消费升级，打造体育文化旅游融合发展样板。

第七章

我国居民体育旅游行为特征

为了配合本书的研究需求，中国旅游研究院采用电话访谈形式，随机抽样调查了北京市、上海市、广州市、南京市、杭州市、长沙市、武汉市、成都市、西安市、沈阳市等 10 座城市的 3500 名城镇居民（未退休、有工作）、农村居民和退休无业人员。主要询问了居民在休闲时间进行的最主要三项活动，并根据调查结果将我国城乡居民的休闲活动分为旅游、餐饮购物、文化娱乐、体育健身和居家休闲共五个大类。另外，为了进一步突出体育旅游的研究目标，项目组在世界田径锦标赛赛场、北京马拉松赛场、南山滑雪场、奥林匹克公园对 500 名旅游者进行了调查，并对 20 名旅游者进行了半结构化访谈。

第一节　城镇居民体育旅游行为特征

我国城镇居民的日均休闲时间总量从工作日到周末、黄金周逐步增加。因此，不同时段的休闲内容结构也截然不同。最为显著的差异是选择旅游的居民比重，从工作日的 6.31% 上升到周末的 18.07%，进而上升到黄金周的 34.49%。相应地，旅游中具体选择体育旅游的居民比重，从工作日的 1.30% 上升到周末的 3.73%，进而上升到黄金周的 7.12%，见表 7 - 1。

表 7 - 1　　　　　　　　城镇居民休闲内容结构　　　　　　　单位：%

休闲活动大类	休闲活动小类	工作日	周末	黄金周
旅游	体育旅游	1.30	3.73	7.12
	非体育旅游	5.01	14.34	27.37
	合计	**6.31**	**18.07**	**34.49**
餐饮购物	外出就餐	4.27	5.98	4.78
	商场购物	6.91	11.16	6.14
	美容美发等	0.13	0.11	0.12
	洗浴按摩等	0.36	0.21	0.18
	咖啡厅和酒吧等	1.04	1.07	0.63
	卡拉 OK 唱歌	3.12	2.92	1.99
	游乐场、娱乐城或电玩城	0.36	1.15	0.60
	创意手工制作	0.10	0.11	0.03
	合计	**16.29**	**22.71**	**14.47**
文化娱乐	电影院	5.66	5.87	3.07
	戏剧、歌剧院、音乐厅	0.10	0.03	0.06
	博物馆、展览馆、名人故居	0.05	0.19	0.12
	观看文艺演出和体育比赛	0.00	0.08	0.01
	书店、图书馆	1.07	0.94	0.66
	学习各类知识	3.15	1.85	1.59
	书法绘画集邮等	0.15	0.19	0.09
	合计	**10.18**	**9.15**	**5.60**
体育健身	舞蹈、瑜伽和健身房等健身活动	2.67	1.53	0.90
	各种球类运动	7.82	5.01	2.65
	游泳	0.76	0.48	0.30
	跑步和骑自行车	2.46	1.58	0.81

休闲活动大类	休闲活动小类	工作日	周末	黄金周
体育健身	散步遛弯	7.98	5.82	3.52
	广场舞和广播操等	1.02	0.78	0.54
	各类民族传统体育运动	0.36	0.19	0.21
	合计	**23.07**	**15.39**	**8.93**
居家休闲	家庭内聊天	0.89	1.23	2.50
	亲戚朋友串门	0.94	2.28	5.75
	看电视	16.10	11.45	10.41
	玩游戏或电脑游戏	5.16	3.22	2.86
	上互联网	13.44	7.91	6.17
	打牌、下棋、打麻将	3.58	3.73	2.89
	无事休闲	3.68	4.34	5.33
	养花草宠物	0.33	0.46	0.51
	汽车维修保养	0.03	0.03	0.06
	居家装修装饰	0.00	0.03	0.03
	合计	**44.15**	**34.68**	**36.51**
总计	—	**100**	**100**	**100**

资料来源：中国居民休闲行为调查、北京体育旅游抽样调查。

城镇居民在休闲时间内既可能选择远距离旅游，又可能选择在市内开展餐饮购物、文化娱乐、体育健身、居家休闲等休闲活动。由于体育旅游和体育健身休闲的边界往往并不清晰，在文化和旅游部推动全域旅游发展的背景下，为了更为全面地研究居民的户外体育运动规律，本书重点研究远距离旅游中的体育旅游以及市内的体育健身休闲活动。

从表7-1中可以看出，城镇居民选择体育健身活动的比重随休闲时间增加而减少。在工作日有23.07%的城镇居民在休闲时间选择体育健身活动，到了周末该比重下降为15.39%，到了黄金周该比重进一步下降为8.93%。可以看出，体育健身活动是城镇居民日常生活的常态化内容，在周末和黄金周的时候，城镇居民往往减少体育健身而选择旅游等更为"非惯常"的休闲活动。

本书将体育健身活动分为健身活动、球类运动、游泳、跑步和骑自行车、散步遛弯、广场舞和广播操、民族传统体育等七大类。各类体育健身活动所占比重均有随休闲时间增加而减少的趋势。散步遛弯、球类运动是在职城镇居民最主要的体育健身活动，其次是健身、跑步和骑自行车，选择游泳、广场舞和广播操、民族传统运动的在职城镇居民则较少。

表7-2显示了按性别划分的城镇居民体育健身活动内容结构。可以明显地看出，男性比女性更喜欢球类运动、跑步和骑自行车，女性比男性更喜欢散步遛弯、健身活动、广场舞和广播操。男女居民选择游泳、民族传统体育运动（武术、太极、响鞭、陀螺等）的比重则差别不大。

表7-2　　　　　　不同性别城镇居民体育健身活动内容结构　　　　单位：%

体育健身活动	工作日		周末		黄金周	
	男性	女性	男性	女性	男性	女性
健身活动	9.09	16.24	7.14	15.93	7.11	16.00
球类运动	41.08	20.38	41.07	14.29	38.58	12.00
游泳	3.20	3.50	2.81	3.85	4.06	2.00
跑步和骑自行车	11.78	8.60	10.46	9.89	10.15	7.00
散步遛弯	31.14	41.08	34.18	45.60	34.52	49.00
广场舞和广播操	2.36	8.28	3.32	8.79	3.55	11.00
民族传统体育运动	1.35	1.92	1.02	1.65	2.03	3.00
合计	100	100	100	100	100	100

资料来源：中国居民休闲行为调查、北京体育旅游抽样调查。

表7－3显示了按不同年龄段划分的城镇居民体育健身活动内容结构，从中可以清楚看出不同休闲活动随城镇居民年龄增长而呈现出的结构变化趋势。健身活动、球类运动、跑步和骑车的参与率都随城镇居民年龄的增加而下降，游泳、散步遛弯、广场舞等、民族传统体育的参与率则随城镇居民年龄的增加而上升。因此，健身活动、球类运动、跑步和骑车是更受青少年所喜爱的体育运动，游泳、散步遛弯、广场舞、民族传统体育是更受中老年人所青睐的体育运动。

表7－3　　　　不同年龄城镇居民体育健身活动内容结构　　　　单位：%

体育健身活动	工作日				周末				黄金周			
	15～29岁	30～44岁	45～59岁	60岁及以上	15～29岁	30～44岁	45～59岁	60岁及以上	15～29岁	30～44岁	45～59岁	60岁及以上
健身	14.5	11.7	7.0	0.0	11.3	10.6	7.7	0.1	13.5	11.3	4.4	0.0
球类运动	43.7	32.5	21.6	5.6	43.7	30.4	20.0	7.2	41.4	24.3	22.1	9.1
游泳	3.8	3.1	2.2	11.1	3.1	3.8	1.5	7.1	2.8	2.8	4.4	9.1
跑步和骑车	11.8	11.7	7.0	5.6	12.2	9.6	8.5	7.1	10.8	9.3	5.9	9.1
散步遛弯	23.6	35.8	49.2	66.7	27.0	39.9	50.0	64.3	27.0	43.9	50.0	54.5
广场舞等	2.4	3.8	9.7	0.0	2.7	3.8	10.8	7.1	3.6	5.6	10.3	9.1
民族传统体育	0.2	1.4	3.3	11.0	0.0	1.9	1.5	7.1	0.9	2.8	2.9	9.1
合计	100	100	100	100	100	100	100	100	100	100	100	100

资料来源：中国居民休闲行为调查、北京体育旅游抽样调查。

第二节　农村居民体育旅游行为特征

我国农村居民的日均休闲时间总量主要依农忙、农闲时节转变而变化，进而导致休闲内容结构的不同。因此，本书将农村居民的休闲内容结构依农忙和农闲时节划分并分别进行研究。如表7-4所示，农村居民在休闲时间选择旅游的比重总体较少，在农忙时节为0.82%，在农闲时节也仅上升为2.01%。相应地，农村居民在农忙和农闲时节选择体育旅游的比重仅分别为0.18%和0.43%，均不足总人数的5‰。可以看出，农村居民选择体育旅游的比重还极低。

表7-4　　　　　　　　　农村居民休闲内容结构　　　　　　单位：%

休闲活动大类	休闲活动小类	农忙时节	农闲时节
旅游	体育旅游	0.18	0.43
	非体育旅游	0.64	1.58
	合计	0.82	2.01
餐饮购物	外出就餐	1.11	1.00
	商场购物	1.92	2.26
	美容美发等	0	0
	洗浴按摩等	0	0
	咖啡厅和酒吧等	0	0.25
	卡拉OK唱歌	0.82	0.75
	游乐场、娱乐城或电玩城	0.27	0.25
	创意手工制作	0	0
	合计	4.12	4.51
文化娱乐	电影院	0.27	0.25
	戏剧、歌剧院、音乐厅	0	0.01
	博物馆、展览馆、名人故居	0	0.25
	观看文艺演出和体育比赛	0	0
	书店、图书馆	0.55	0.50
	学习各类知识	0.83	1.25
	书法绘画集邮等	0.27	0.50
	合计	1.92	2.76

休闲活动大类	休闲活动小类	农忙时节	农闲时节
体育健身	舞蹈、瑜伽和健身房等健身活动	0	0
	各种球类运动	1.10	0.75
	游泳	0	0
	跑步和骑自行车	0.55	0.50
	散步遛弯	12.91	12.53
	广场舞和广播操等	6.59	6.02
	各类民族传统体育运动	1.10	1.00
	合计	22.25	20.80
居家休闲	家庭内聊天	2.47	2.51
	亲戚朋友串门	1.65	3.26
	看电视	42.86	36.34
	玩游戏或电脑游戏	1.65	1.75
	上互联网	3.02	4.01
	打牌、下棋、打麻将	11.81	15.29
	无事休闲	6.04	5.01
	养花草宠物	1.37	1.75
	汽车维修保养	0.01	0
	居家装修装饰	0	0
	合计	70.88	69.92

资料来源：中国居民休闲行为调查、北京体育旅游抽样调查。

从表7-4可以看出，农村居民的体育健身休闲活动非常单调，主要集中在散步遛弯、广场舞和广播操两大类，其他体育健身休闲活动的占比都很低。由于体育设施普及和农村居民收入等因素的制约，依托体育健身器械的运动和商业型体育健身消费都处于待发展状态。由于制约农村体育健身活动发展的主要因素并不是休闲时间，因此随着从农忙时节到农闲时节的休闲时间总量增加，农民的体育健身休闲内容结构并没有显著改变。

表7-5显示了按性别分类的农村居民体育健身活动内容结构。可以明显地看出，农村男性居民更喜欢散步遛弯、球类运动，农村女性居民更喜欢广场舞和广播操，男性和女性选择民族传统体育运动、跑步和骑自行车的比重则差距不大。

表7-5　　　　　不同性别农村居民体育健身活动内容结构　　　单位：%

体育健身活动	农忙时节		农闲时节	
	男性	女性	男性	女性
舞蹈、瑜伽和健身房等健身活动	0	0	0	0
各种球类运动	10.53	0	7.14	0
游泳	0	0	0	0
跑步和骑自行车	2.63	2.33	4.76	0
散步遛弯	71.05	46.51	66.67	53.66
广场舞和广播操等	13.16	44.19	16.67	41.46
各类民族传统体育运动	2.63	6.97	4.76	4.88
合计	100	100	100	100

资料来源：中国居民休闲行为调查、北京体育旅游抽样调查。

表7-6显示了按年龄分类的农村居民体育健身活动内容结构。可以看出，农村居民选择散步遛弯的比重随年龄的增加呈现出微弱的增长趋势。在农忙时节，选择广场舞的农村居民随年龄增长呈现出微弱的增长趋势。在农闲时节，选择广场舞的农村居民则随年龄增长呈现出较大幅度的下降趋势。

表7-6 不同年龄农村居民体育健身活动内容结构 单位:%

体育健身活动	农忙时节				农闲时节			
	15~ 29岁	30~ 44岁	45~ 59岁	60岁 及以上	15~ 29岁	30~ 44岁	45~ 59岁	60岁 及以上
健身	0	0	0	0	0	0	0	0
球类运动	25.0	0	5.6	3.6	0	0	5.3	4.2
游泳	0	0	0	0	0	0	0	0
跑步和骑车	0	0	2.8	3.6	0	0	0	8.3
散步遛弯	50	50	63.9	55.6	50	52.7	65.8	58.4
广场舞等	25.0	35.7	27.8	29.6	50	36.8	28.9	20.8
民族传统体育	0	14.3	0	7.4	0	10.5	0	8.3
合计	100	100	100	100	100	100	100	100

资料来源:中国居民休闲行为调查、北京体育旅游抽样调查。

第三节 退休无业居民体育旅游行为特征

退休无业居民的休闲时间总量相对充裕、休闲时间安排较为自由,休闲内容随工作日、周末和黄金周而变化的幅度较小,因此本书仅研究了退休无业居民的休闲内容结构。退休无业居民在休闲时间选择旅游的比重为6.70%,相应地选择体育旅游的比重为2.30%(见表7-7),大致相当于城镇居民在工作日和周末之间的水平,但远高于农村居民的相应水平。

表7-7 　　　　　　　　　退休无业居民休闲内容结构 　　　　　　单位：%

休闲活动大类	休闲活动小类	比重
旅游	体育旅游	2.30
	非体育旅游	4.40
	合计	6.70
餐饮购物	外出就餐	0.91
	商场购物	2.52
	美容美发等	0.01
	洗浴按摩等	0.11
	咖啡厅和酒吧等	0.64
	卡拉OK唱歌	1.34
	游乐场、娱乐城或电玩城	0.21
	创意手工制作	0.21
	合计	5.95
文化娱乐	电影院	0.75
	戏剧、歌剧院、音乐厅	0.05
	博物馆、展览馆、名人故居	0.16
	观看文艺演出和体育比赛	0.11
	书店、图书馆	0.64
	学习各类知识	4.08
	书法绘画集邮等	0.54
	合计	6.33
体育健身	舞蹈、瑜伽和健身房等健身活动	1.72
	各种球类运动	2.31
	游泳	0.70
	跑步和骑自行车	1.45
	散步遛弯	20.16
	广场舞和广播操等	6.16
	各类民族传统体育运动	1.77
	合计	34.27

休闲活动大类	休闲活动小类	比重
居家休闲	家庭内聊天	1.34
	亲戚朋友串门	1.72
	看电视	23.86
	玩游戏或电脑游戏	2.68
	上互联网	6.43
	打牌、下棋、打麻将	6.43
	无事休闲	2.90
	养花草宠物	1.39
	汽车维修保养	0
	居家装修装饰	0
	合计	46.76

资料来源：中国居民休闲行为调查、北京体育旅游抽样调查。

　　从表7-7中可以看出，退休无业居民的体育健身活动主要为散步遛弯，其次是广场舞和广播操等，健身活动、球类运动、游泳、跑步和骑自行车、民族传统体育运动等活动所占比重很小。可见，退休无业居民对于散步遛弯、广场舞等体育健身活动的接受程度较高，对于依托体育健身器械的运动和商业型体育健身活动的接受程度较低。

　　表7-8显示了不同性别退休无业居民的体育健身活动内容结构，可以看出男性退休无业居民更喜欢散步遛弯、球类运动、跑步和骑自行车，女性退休无业居民更喜欢广场舞和广播操、民族传统体育运动。

表 7 – 8　　　　　　不同性别退休无业居民体育健身活动内容结构　　　　　单位：%

体育健身活动	男性	女性
舞蹈、瑜伽和健身房等健身活动	4.48	5.39
各种球类运动	9.33	4.85
游泳	2.61	1.62
跑步和骑自行车	7.84	1.62
散步遛弯	62.69	56.06
广场舞和广播操等	9.70	23.99
各类民族传统体育运动	3.35	6.47
合计	100	100

资料来源：中国居民休闲行为调查、北京体育旅游抽样调查。

表 7 – 9 显示了不同年龄退休无业居民的体育健身活动内容结构。可以将 60 岁以下的退休无业居民大致划归"无业居民"，60 岁及以上的退休无业居民大致划归"退休居民"。

表 7 – 9　　　　　　不同年龄退休无业居民体育健身活动内容结构　　　　　单位：%

体育健身活动	15 ~ 29 岁	30 ~ 44 岁	45 ~ 59 岁	60 岁及以上
健身	2.8	8.0	7.1	4.0
球类运动	50.0	4.0	4.5	4.0
游泳	11.1	2.0	2.6	1.0
跑步和骑车	5.6	6.0	5.8	3.3
散步遛弯	27.8	60.0	53.3	63.7
广场舞等	2.7	18.0	24.1	17.0
民族传统体育	0	2.0	2.6	7.0
合计	100	100	100	100

资料来源：中国居民休闲行为调查、北京体育旅游抽样调查。

可以看出，30~59 岁"无业居民"的体育健身活动内容与 60 岁及以上"退休居民"极为相似，主要选择散步遛弯和广场舞等体育健身活动，而与同等年龄段"在职城镇居民"的体育健身活动内容结构则有较大差异。可以看出失业状态对于居民的体育健身活动选择有较大影响，他们由于收入水平较低，因此很少选择依托体育健身器械的运动和商业型体育健身活动，体育健身活动较为单调。

第四节　体育健身活动空间分布特征

大部分体育健身活动需要依托相应的空间、设施或器械，因此具有不同的空间分布规律。为了研究我国居民体育健身活动的空间分布特征，本书作者对居民体育健身的活动半径进行了调查，表 7 - 10 为我国城乡居民体育健身活动平均半径。

表 7 - 10　　　　　　城乡居民体育健身活动平均半径　　　　　单位：千米

体育健身活动	城镇居民			农村居民		退休无业居民
	工作日	周末	黄金周	农忙	农闲	—
舞蹈、瑜伽和健身房等健身活动	3.89	4.05	5.98	—	—	2.17
各种球类运动	3.53	3.50	3.77	0.50	0.33	2.17
游泳	5.48	5.03	4.89	—	—	8.19
跑步和骑自行车	5.47	7.72	8.41	2.75	2.25	6.56
散步遛弯	2.51	2.84	2.93	2.08	2.00	2.11
广场舞和广播操等	1.74	1.54	2.00	1.15	1.21	1.41
各类民族传统体育运动	3.23	6.08	5.50	0.75	0.75	1.70

注：农村居民的健身和游泳由于样本量较小而未得出有效结果。
资料来源：中国居民休闲行为调查、北京体育旅游抽样调查。

对于城镇居民而言，从工作日到周末、黄金周，总体来看体育健身活动半径有了明显扩大，说明随着休闲时间总量增加，城镇居民到更远的地方开展体育健身活动。具体来看，健身活动、跑步和骑自行车、民族传统体育的活动半径扩大较为明显，球类运动、散步遛弯、广场舞和广播操的活动半径变化则较小。

对于农村居民而言，农忙和农闲时节的体育健身活动半径则变化较小，说明随着休闲时间总量增加，农村居民并未到更远的地方开展体育健身活动。对于退休无业居民而言，他们主要参加散步遛弯、广场舞和广播操等体育健身活动，其平均活动半径与城镇居民相比并没有显著差异。

第五节　体育健身活动时间持续特征

体育健身活动需要占用相应的休闲时间，因此不同的体育健身活动具有不同的时间持续规律。为了研究我国居民体育健身活动的时间持续特征，本书作者对居民体育健身活动的持续时间了调查，表 7 – 11 为城乡居民体育健身活动平均持续时间。

表 7 – 11　　　　　　城乡居民体育健身活动平均持续时间　　　　单位：小时

体育健身活动	城镇居民			农村居民		退休无业居民
	工作日	周末	黄金周	农忙	农闲	—
舞蹈、瑜伽和健身房等健身活动	1.49	1.77	1.53	—	—	1.71
各种球类运动	1.64	2.09	1.94	1.25	1.17	1.83
游泳	1.57	1.68	1.17	—	—	1.25

续表

体育健身活动	城镇居民			农村居民		退休无业居民
	工作日	周末	黄金周	农忙	农闲	—
跑步和骑自行车	1.21	1.77	1.37	1.50	1.00	1.61
散步遛弯	1.18	1.48	1.40	1.10	1.47	1.44
广场舞和广播操等	1.63	1.43	1.72	1.46	1.59	1.90
各类民族传统体育运动	1.04	2.00	1.33	2.50	2.25	1.53

注：农村居民的健身和游泳由于样本量较小而未得出有效结果。
资料来源：中国居民休闲行为调查、北京体育旅游抽样调查。

　　总体而言，城乡居民参与单次体育健身活动的平均持续时间均在1～2小时，各项活动之间并没有显著差异。从单次活动持续时间从长到短排序，依次为球类运动、广场舞和广播操、游泳、健身活动、跑步和骑自行车、散步遛弯、民族传统体育运动。

第八章

北京冬季体育旅游市场特征

本书以北京市的冬季冰雪体育旅游者为研究对象，重点研究了冬季冰雪体育旅游者的出游动机特征和旅游行为特征，以及它们之间的互动关系及影响机制。本书针对冰雪体育旅游者出游动机构建了6个一级指标和17个二级指标，通过实地调查并收集整理问卷数据，筛选出决定冬季冰雪体育旅游者出游的最重要动机。本书还对冬季冰雪体育旅游者的交通工具、组团方式、旅游停留时间、年出游次数、旅行距离等旅游行为特征进行了研究。最后，本书分析了北京冬季冰雪体育旅游者出游动机和旅游行为特征的相关关系。

第一节　调查数据采集

本书所采用的调查问卷分为三个部分：第一部分对旅游者的旅游行为特征进行调查，包括旅游者出发地、旅行距离、交通工具、交通时长、停留时间、出游方式、旅游频率、旅游产品类型等八个方面内容；第二部分对旅游者的出游动机进行调查，包括17个二级指标和6个一级指标；第三部分是对旅游者的人口统计学特征进行调查，包括性别、年龄、婚姻状况、学历、收入、工作情况等六个方面内容。

　　本书以在北京市开展冬季冰雪体育旅游活动的国内旅游者和市内旅游者为研究对象，采用问卷调查和半结构化访谈的研究方法。首先，从北京市文化和旅游局网站、大众点评网、携程旅行网等多个平台穷尽式搜索北京市的冰雪体育旅游场所名录，查找出室外滑雪场、室内滑雪场、室内滑冰场、公园冰雪嘉年华活动（包括室外滑冰场）等四种类型共计 64 个场所。其中，室外滑雪场 17 个、室内滑雪场 15 个、室内滑冰场 27 个、公园冰雪嘉年华活动（包括室外滑冰场）5 个。其次，对 64 个体育旅游场所进行分层抽样，计划选择 2 个室外滑雪场、1 个室内滑雪场，1 个室内滑冰场、2 个公园冰雪嘉年华活动。最后，选取了南山滑雪场、渔阳滑雪场、乔波室内滑雪场、龙湖天街喜悦滑冰场、陶然亭公园冰雪节、玉渊潭公园冰雪节等 6 个体育旅游场所。

　　调查对象的选取采用等距抽样法，每隔 3 名旅游者发放一份问卷，如被拒绝，则再隔 3 人抽取 1 人。问卷调查期间总共发放问卷 240 份，回收 238 份，回收率为 99.17%，剔除不完整或前后不一致的问卷 5 份，最终保留了 233 份有效问卷，有效回收率为 97.08%。

第二节　调查对象人口学特征

一、性别与年龄分布

　　表 8-1 显示了北京市冬季冰雪体育旅游者的性别特征。在随机的问卷调查中，去南山、渔阳等滑雪场和室内滑冰场等进行冬季冰雪体育旅游的游客中女性人数略多于男性人数。女性游客占调查总人数的56.2%，男性占调查总人数的 43.8%。

表8-1   北京市冬季冰雪体育旅游者性别特征

性别	频数	百分比（%）
男	102	43.8
女	131	56.2
合计	233	100

资料来源：中国旅游研究院和北京石油化工学院北京冬季体育旅游问卷调查。

表8-2显示了北京市冬季冰雪体育旅游者的年龄特征。年龄在18~25岁、26~35岁、36~45岁旅游者人数是最多的，分别占调查对象总人数的37.3%、38.2%、14.2%，18~45岁的旅游者占调查对象总人数的89.7%。年龄在18岁以下和46~50岁的旅游者仅占调查对象总人数的4.3%和3.4%，年龄50岁以上的旅游者则仅占总人数的2.7%。从性别和年龄段分布来看，在北京市参与冬季冰雪体育旅游的旅游者主要是女性旅游者和中青年旅游者。

表8-2   北京市冬季冰雪体育旅游者年龄特征

年龄	频数	百分比（%）
18岁以下	10	4.3
18~25岁	87	37.3
26~35岁	89	38.2
36~45岁	33	14.2
46~50岁	8	3.4
51~55岁	2	0.9
56~60岁	2	0.9
60岁以上	2	0.9
合计	233	100

资料来源：中国旅游研究院和北京石油化工学院北京冬季体育旅游问卷调查。

二、学历与职业分布

表8-3显示了北京市冬季冰雪体育旅游者的文化程度。在全部调查对象中文化程度为本科的旅游者人数最多，占调查对象总人数的56.3%。其次是文化程度为硕士的旅游者，占调查对象总人数的15.5%。排名第三位的为文化程度为中专/大专的旅游者，占调查对象总人数的15.0%。

表8-3　　　　　北京市冬季冰雪体育旅游者文化程度

文化程度	频数	百分比（%）
未上过学	1	0.4
小学	7	3.0
初中	8	3.4
高中	7	3.0
中专/大专	35	15.0
本科	131	56.3
硕士	36	15.5
博士及以上	8	3.4
合计	233	100

资料来源：中国旅游研究院和北京石油化工学院北京冬季体育旅游问卷调查。

表8-4显示了北京市冬季冰雪体育旅游者的职业结构。其中，学生所占比重最高，在全部调查对象中占29.2%，这与北京市冬季冰雪体育旅游旺季正值寒假时间，学生们具有更多的休假时间有关。其次是党政机关、国家机关、群团和社会组织、企事业单位负责人，占全部调查对象的比重为17.6%。办事人员和有关人员、生产制造及有关人员

所占比重则相对较小，分别仅占全部调查对象的 4.7% 和 2.6%。因此，北京市冬季冰雪体育的主要目标市场主要是学生和在办公室内从事管理和专业技术工作的人员。

表 8 - 4　　　　　　北京市冬季冰雪体育旅游者职业结构

职业	频数	百分比（%）
党的机关、国家机关、群团和社会组织、企事业单位负责人	41	17.6
专业技术人员	40	17.1
办事人员和有关人员	11	4.7
社会生产服务和生活服务人员	32	13.7
生产制造及有关人员	6	2.6
军人	2	0.9
离退休人员	2	0.9
自由职业者	23	9.9
无业	7	3
学生	68	29.2
其他从业人员	1	0.4
合计	233	100

资料来源：中国旅游研究院和北京石油化工学院北京冬季体育旅游问卷调查。

三、月可支配收入

表 8 - 5 显示了北京市冬季冰雪体育旅游者的税后每月可支配收入。税后月收入为"5001～10000 元"的旅游者人数最多，占全部调查对象的 28.3%。其次是尚未参加工作没有收入来源的学生，占全部调查对象的 23.2%。排名第三位的是税后月收入"10001～15000 元"的旅游者，占全部调查对象的 14.2%。综合上述分析，北京市冬季冰雪体育旅游者的主体是具有较高学历和稳定收入来源，从事管理和专业技术工

作的人员。除此之外，学生也是北京市冬季冰雪体育旅游的重要群体。作者在针对冰雪体育旅游者的半结构化访谈中发现，大部分旅游者都能坦然接受滑雪和滑冰产生的门票费用、教练服务、餐饮购物等相关旅游消费，部分旅游者甚至置办了年卡、季卡并成为俱乐部的 VIP 会员，是冬季冰雪体育运动的重点客群。

表 8 - 5 北京市冬季冰雪体育旅游者收入

税后月收入	频数	百分比（％）
5000 元及以下	42	18
5001～10000 元	66	28.3
10001～15000 元	33	14.2
15001～20000 元	9	3.9
20001～25000 元	5	2.1
25001～30000 元	8	3.4
30001 元及以上	16	6.9
无（学生）	54	23.2
合计	233	100

资料来源：中国旅游研究院和北京石油化工学院北京冬季体育旅游问卷调查。

四、旅游客源地与目的地

表 8 - 6 显示了北京市冬季冰雪体育旅游者的客源地。在北京市内的冬季冰雪体育旅游者中，来自朝阳区、海淀区和丰台区的旅游者人数最多，分别占到全部调查对象的 29.2％、20.2％和 9.5％。来自北京市外的国内冬季冰雪体育旅游者中，河北省旅游者人数最多，占到全部调查对象的 4.7％。来自国内其他地区的旅游者人数较少，调查到的对象数均在 2 人以下。本次调查没有采集到来自国外旅游者的数据。总体而

言，北京市冬季冰雪体育旅游呈现出近程短途旅游的特征，来自京津冀区域的旅游者占到了全部调查对象的 97.5%。

表 8 - 6 北京市冬季冰雪体育旅游者客源地

客源地	频数	百分比（%）
北京市朝阳区	68	29.2
北京市海淀区	47	20.2
北京市丰台区	22	9.5
北京市大兴区	18	7.7
北京市西城区	16	6.9
北京市顺义区	15	6.4
河北省	11	4.7
北京市密云区	8	3.4
北京市东城区	7	3.0
北京市平谷区	5	2.1
北京市通州区	4	1.7
北京市昌平区	2	0.9
天津市	2	0.9
北京市石景山区	2	0.9
黑龙江	2	0.9
澳门	1	0.4
湖北	1	0.4
香港	1	0.4
云南	1	0.4
合计	233	100

资料来源：中国旅游研究院和北京石油化工学院北京冬季体育旅游问卷调查。

表 8 - 7 显示了北京市冬季冰雪体育旅游者从客源地到目的地的流动情况。北京市海淀区和朝阳区旅游者首选的滑雪目的地是密云区的南

山滑雪场和平谷区的渔阳滑雪场，去南山滑雪场的海淀区和朝阳区的旅游者占比 57.3%，去渔阳滑雪场的海淀区和朝阳区的旅游者占比 50.6%。室外大型滑雪场依托优质的自然雪场资源而分布，其市场服务范围也较大。室内滑雪场、滑冰场和冰雪嘉年华等项目则主要依据客源分布，其市场服务范围也以项目周边的社区居民为主。

表8-7　北京市冬季冰雪体育旅游者客源地和目的地流动矩阵　单位：频数

客源地	南山滑雪场	渔阳滑雪场	陶然亭公园	玉渊潭公园	大兴区龙湖天街喜悦滑冰场	顺义乔波室内滑雪场	合计
北京市朝阳区	37	28	0	0	1	2	68
北京市海淀区	22	16	1	8	0	0	47
北京市丰台区	4	4	10	3	1	0	22
北京市大兴区	4	5	0	1	5	3	18
北京市西城区	7	7	2	0	0	0	16
北京市顺义区	10	1	0	0	0	4	15
河北省	3	6	0	0	2	0	11
北京市密云区	6	2	0	0	0	0	8
北京市东城区	3	4	0	0	0	0	7
北京市平谷区	0	5	0	0	0	0	5
北京市通州区	0	4	0	0	0	0	4
北京市昌平区	1	1	0	0	0	0	2
北京市石景山区	0	2	0	0	0	0	2
天津	0	2	0	0	0	0	2
黑龙江	2	0	0	0	0	0	2
澳门	1	0	0	0	0	0	1
湖北	1	0	0	0	0	0	1
香港	1	0	0	0	0	0	1
云南	1	0	0	0	0	0	1
合计	103	87	13	12	9	9	233

资料来源：中国旅游研究院和北京石油化工学院北京冬季体育旅游问卷调查。

第三节　旅游者出游动机特征

一、首选旅游动机

表 8 - 8 显示了北京市冬季冰雪体育旅游者的首选出游动机选择情况。在全部调查对象中，选择休闲动机占到了 65.7%，说明缓解压力、休闲放松、娱乐消遣等是冬季冰雪体育旅游者开展冰雪运动的最主要目的，普通旅游者参与冰雪体育旅游的主要动机是休闲。选择健康动机、情感动机的调查对象也分别占到了 14.6% 和 10.3%，也有较多的旅游者开展冰雪运动的目的是增进身心健康、促进社会交往。至于选择新奇动机、观光动机和声望动机的调查对象人数则较少。

表 8 - 8　　　　　　　北京市冬季冰雪体育旅游者首选出游动机

首选出游动机	频数	百分比（%）
休闲动机	153	65.7
健康动机	34	14.6
情感动机	24	10.3
新奇动机	18	7.7
观光动机	3	1.3
声望动机	1	0.4
合计	233	100

资料来源：中国旅游研究院和北京石油化工学院北京冬季体育旅游问卷调查。

二、出游动机指标

表 8 - 9 显示了调查对象针对调查问卷上 17 项二级动机指标进行多

项选择后的选项频数统计情况。排名第一位的是"休闲放松"动机，所占比重高达78.1%。其次是"感受滑雪""锻炼身心"，所占比重也均在50%以上。说明通过体育运动实现休闲娱乐目的，并在此基础上体验运动技巧、促进身心健康，是北京市冬季冰雪体育旅游者最普遍的出游动机考虑。相对而言，"慕名而来""自我炫耀"和"单位出游"动机所占的比重则较低，说明基于体育运动的自我炫耀等动机并不是大多数冰雪体育旅游者的考虑因素。

表8-9　　　　　北京市冬季冰雪体育旅游者出游动机指标

二级动机指标	频数	百分比（%）
休闲放松	182	78.1
感受滑雪	126	54.1
锻炼身心	124	53.2
娱乐消遣	114	48.9
提高技能	107	45.9
缓解压力	98	42.1
享受自由	79	33.9
体验新奇	73	31.3
增进感情	72	30.9
陪伴家人	70	30.0
社会交往	60	25.8
观光体验	47	20.2
增长知识	43	18.5
丰富阅历	40	17.2
慕名而来	20	8.6
自我炫耀	16	6.9
单位出游	15	6.4

注：本表统计指标为多项选择，所以百分比加总不等于100%。
资料来源：中国旅游研究院和北京石油化工学院北京冬季体育旅游问卷调查。

第四节　旅游者行为特征

一、交通工具和组团方式

表 8 – 10 对北京市冬季冰雪体育旅游者乘坐的交通工具和组团方式进行了分析。在体育旅游者所使用交通工具方面，自驾车和滑雪场大巴车是体育旅游者最常用的交通工具，分别占到了全部调查对象的 58.4% 和 25.3%，其余体育旅游者中有 10.7% 使用地铁、公交车等公共交通工具，乘坐出租车和步行的体育旅游者较少。对于地处郊野地区交通不便的体育旅游项目而言，企业开通直达市区的通勤班车有助于体育旅游者降低交通成本，有利于老人、青少年等不便自驾车的旅游者参与体育运动。

表 8 – 10　北京市冬季冰雪体育旅游者乘坐交通工具和组团方式

组团方式		步行	公共交通	自驾车	大巴车	出租车	合计
朋友	频数	1	9	61	21	6	98
	组内百分比（%）	1.0	9.2	62.2	21.4	6.1	100
家人	频数	2	11	57	6	4	80
	组内百分比（%）	2.5	13.8	71.3	7.5	5.0	100
同学	频数	0	5	6	16	0	27
	组内百分比（%）	0	18.5	22.2	59.3	0	100
单位同事	频数	0	0	6	11	0	17
	组内百分比（%）	0	0	35.3	64.7	0	100

续表

组团方式		步行	公共交通	自驾车	大巴车	出租车	合计
自己	频数	0	0	6	5	0	11
	组内百分比（%）	0	0	54.5	45.5	0	100
总计	频数	3	25	136	59	10	233
	组内百分比（%）	1.3	10.7	58.4	25.3	4.3	100

资料来源：中国旅游研究院和北京石油化工学院北京冬季体育旅游问卷调查。

在北京市冬季冰雪体育旅游的组团方式方面，与朋友一起去参与滑冰、滑雪等冰雪体育运动的旅游者占到了全部调查对象的42.1%，与家人一起出游的占到了34.3%，与同学一起出游的占到了11.6%。与之形成对比，与单位同事一起出游的体育旅游者仅占到全部调查对象的4.7%，而独自出游的体育旅游者仅占4.7%。

由此可见，体育旅游对于旅游者而言既是体育运动和体育休闲活动，也具有重要的社会属性，是旅游者与亲戚和朋友之间的社会交往活动。体育旅游目的地在供给旅游产品时，不仅要重点开发体育运动产品，也要从家庭和团队社交的视角来提供社交活动空间，为不参与体育运动的家庭成员和朋友提供辅助性产品和配套服务。

二、旅游停留时间

表8-11显示了北京市冬季冰雪体育旅游者的旅游停留时间。在全部调查对象中有97.9%的旅游者选择一日游，仅有2.1%的旅游者选择过夜游。由此可以看出，现在北京冬季冰雪体育旅游项目的产品还较为单一，主要提供运动产品，还没有形成辅助旅游产品体系。旅游者主要将其作为开展体育运动的目的地，而没有将其看作以体育运动为主题的旅游度假目的地，在体育运动结束后即返回出发地，没有停留下来进一

步开展文化、购物、娱乐、住宿等活动，所产生的旅游消费和旅游经济带动力有限。

在一日游的旅游者之中，在冰雪体育旅游目的地停留 5 个小时以上的旅游者占到了全部调查对象的44.2%，而在旅游目的地停留 3 个小时以下的旅游者仅占到了24.5%。对于冰雪体育旅游而言，有 3/4 以上旅游者要在旅游目的地停留 3 个小时以上的时间，旅游目的地应该充分利用旅游者停留时间发展餐饮、购物、文化、娱乐、研学、康养等业态，促进体育旅游目的地产品结构多元化。

表 8 – 11　　　　　北京市冬季冰雪体育旅游者旅游停留时间

旅游停留时间	频数	百分比（%）
1~2 小时	24	10.3
2~3 小时	33	14.2
3~5 小时	68	29.2
5 小时以上	103	44.2
过夜	5	2.1
合计	233	100

资料来源：中国旅游研究院和北京石油化工学院北京冬季体育旅游问卷调查。

三、年出游次数

表 8-12 显示了北京市冬季冰雪体育旅游者的每年出游次数，全部调查对象每年平均出游21.9 次，旅游者的重游率显著高于传统的观光旅游。与满足旅游者好奇心的传统观光旅游相比，体育旅游活动与旅游者的生活习惯和兴趣爱好相结合，因此更多地表现为重复性的旅游活动和消费。

其中，每年出游 3 次以下的体育旅游者占到了全部调查对象的

56.65%，他们基本上以年为时间单位来安排出游计划，体育旅游是他们年度性的旅游活动。每年出游 4 ~ 48 次的体育旅游者占到了调查对象的 35.17%，他们以季度或者以月为单位来安排出游计划，体育旅游成为了他们日常生活不可或缺的组成部分。每年出游 60 次以上的体育旅游者则占到了 8.15%，他们基本上以周或者以日为单位来安排出游计划，体育旅游是他们日常生活的重要内容。

表 8 - 12　　　　　北京市冬季冰雪体育旅游者年出游次数

年出游次数	频数	百分比（%）
336	1	0.43
288	1	0.43
192	1	0.43
144	5	2.15
96	10	4.29
60	1	0.43
48	33	14.16
36	3	1.29
24	15	6.43
12	15	6.43
10	5	2.15
8	2	0.86
5	5	2.15
4	4	1.72
3	17	7.30
2	34	14.59
1	81	34.76
合计	233	100

资料来源：中国旅游研究院和北京石油化工学院北京冬季体育旅游问卷调查。

四、旅行距离

表 8–13 显示了北京市冬季冰雪体育旅游者从客源地到目的地的旅行距离。在全部调查对象中，旅行距离在 15 千米及以内的占到了 19.29%，旅行距离在 30~70 千米的占到了 65.23%，旅行距离在 80 千米以上的占到了 15.45%。

可见，北京市冬季冰雪体育旅游目的地主要还是服务于京津冀都市圈的旅游者，旅行距离在 375 千米以内的占到了 97.85%，而旅行距离超过 1000 千米的跨区域远程旅游者仅占 2.15%。

表 8–13　　　　　北京市冬季冰雪体育旅游者旅行距离

旅行距离（千米）	频数	百分比（%）
1	2	0.86
2	3	1.29
3	6	2.57
4	8	3.43
8	16	6.86
15	10	4.29
30	13	5.58
50	50	21.46
70	89	38.19
81	1	0.43
86	1	0.43
90	13	5.58
94	1	0.43
98	1	0.43
99	2	0.86

旅行距离（千米）	频数	百分比（%）
102	2	0.86
104	3	1.29
153	2	0.86
368	2	0.86
375	3	1.29
1120	1	0.43
1198	1	0.43
2266	1	0.43
2328	1	0.43
2671	1	0.43
合计	233	100

资料来源：中国旅游研究院和北京石油化工学院北京冬季体育旅游问卷调查。

五、不同动机分组的旅游者行为

表 8 - 14 显示了不同出游动机北京市冬季冰雪体育旅游者的行为特征。在空间特征方面，选择休闲动机和健康动机的旅行距离接近 100 公里，选择新奇和情感动机的旅行距离则仅在 60 公里左右。经过调研和访谈发现，选择新奇和情感动机的体育旅游者一般集中在滑冰场，他们选择冰雪游乐游艺项目的比重更高。去龙湖天街滑冰场的旅游者多为家长带着孩子滑冰，去玉渊潭和陶然亭公园的旅游者多是家长带着孩子参与冰雪游乐游艺活动，他们通过冰雪体育旅游来满足孩子好奇心、增进家庭感情。

表 8 – 14　　　　　　不同动机北京市冬季冰雪体育旅游者行为特征

类别	指标	调查对象			
		休闲动机	健康动机	新奇动机	情感动机
客源地	北京市旅游者比重（%）	93	88	100	83
交通方式	自驾车出游比重（%）	57	68	33	79
时间特征	交通时间（分钟）	72	76	85	71
	旅游停留时间（小时）	5	5	4	5
空间特征	旅行距离（公里）	106	122	64	70
出游行为特征	结伴旅游比重（%）	95	91	94	100
	参与冰雪运动比重（%）	93	88	89	96
	每年出游次数	21	22	58	6
人口学特征	女性比重（%）	59	47	56	58
	平均年龄（岁）	32	32	33	37
	已婚比重（%）	40	53	39	63
	税后月收入（元）	10905	12870	13333	11023
旅游产品和服务	滑雪和滑冰运动比重（%）	95	95	100	83
	设备租赁服务比重（%）	73	73	67	50
	教练服务比重（%）	18	18	28	21
	住宿比重（%）	4	4	6	5
	购物比重（%）	12	12	17	17
	餐饮比重（%）	64	64	88	63
	冰雪游乐游艺比重（%）	10	10	6	21

注：选择观光动机、声望动机的旅游者由于样本数量较少，在本表中不作分析。
资料来源：中国旅游研究院和北京石油化工学院北京冬季体育旅游问卷调查。

　　在婚姻状况方面，选择健康动机和情感动机的体育旅游者里已婚人士相对更多，说明已婚人员更加重视对家庭情感关系的培养以及对身心健康的追求。选择新奇冬季的体育旅游者里则有很多为在校学生，他们作为青年人积极地尝试体验冰雪体育运动。

　　从每年出游次数来看，选择新奇动机的体育旅游者每年平均出游58次，频繁尝试各种体育运动和健身活动。选择休闲动机和健康动机的体育旅游者每年平均出游21~22次，体育运动已经成为他们休闲生活的重要组成部分。而情感动机的体育旅游者每年平均出游仅6次，体育旅游活动作为在重要节假日或者纪念日维系社交情感的活动而存在。

第九章

北京体育旅游发展重点任务

我国提出了"体育强国"的建设目标。根据《体育强国建设纲要》，到 2035 年我国体育产业将成为国民经济支柱性产业。《"十四五"体育发展规划》指出，"十四五"时期我国的体育产业总规模达到 5 万亿元，增加值占国内生产总值比重达到 2%，居民体育消费总规模超过 2.8 万亿元，从业人员超过 800 万人。

体育旅游是体育产业最重要和最具活力的领域，在体旅融合的背景下具有极大的发展潜力。北京于 2008 年、2022 年相继举办了冬季奥运会和夏季奥运会，是世界上首座"双奥之城"，在我国旅游业高质量发展的背景下，发展体育旅游具有世界级的资源优势、设施优势和市场优势。北京已经提出了建成"国家全民健身典范城市和首都国际体育名城"的战略目标，在全市"一核一轴、四极四带、多板块"的文化旅游空间格局中，新首钢、奥林匹克中心区、京张体育文化旅游带都以体育旅游为核心旅游产品。

发展体育旅游是北京建设"首都国际体育名城"和"世界旅游目的地城市"的重要抓手，本书在对体育旅游发展理论、体育旅游市场背景、旅游业中长期发展趋势、北京居民体育休闲行为、北京冰雪体育旅游市场等进行深入研究后，结合北京体育旅游发展的战略环境，提出了北京在"十四五"时期发展体育旅游的重点任务，重点聚焦于打造体育旅游产品集群、建设体育旅游目的地、发展体育旅游产业经济、提升体育旅游知名度等四大工程，以供有关部门参考，见图9-1。

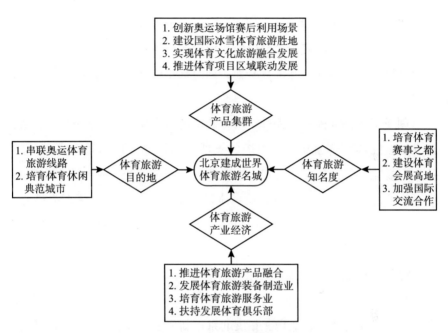

图9-1　北京市体育旅游发展技术路径

第一节　打造体育旅游产品集群

一、创新奥运场馆赛后利用场景

充分借鉴国内外成功经验，创新北京市奥运场馆的赛后利用方式，提升奥运场馆的使用效率。依托奥运场馆，优先发展体育训练、体育竞技和体育赛事等优势产品。

充分发挥奥运场馆的资源优势，围绕北京建成"国家全民健身典范城市和首都国际体育名城"的战略目标，建设世界级高水平体育训练基地，丰富体育训练基地设施供给，强化体育训练设施保障，辐射带动大众化体育培训行业发展。重点建设冰雪运动训练基地，与国际体育组织、知名体育俱乐部展开战略合作，引进国际先进培训系统，创建国家综合训练基地和国际训练比赛基地，同时推出面向大众的体育训练、培训以及互动活动。

创新多元办赛模式，提升、培育和引进赛事型体育旅游产品，探索建立与国际体育赛事协会、组织的长期合作机制。推动系列赛事品牌化、市场化、规范化发展。建立以职业赛、青少年赛、业余赛为主和以巡回推广赛、配套活动为辅的赛事体系。突出以品牌体育赛事为核心，培育职业体育赛事和职业体育俱乐部。积极组织草根体育联赛，培育草根体育赛事发展新模式。

将单一功能的奥运体育场馆提升为包含体育、餐饮、购物、文化、娱乐和旅游等复合功能的休闲场所，将奥运场馆打造为市民和旅游者共享的一站式体育休闲目的地，拓展北京市新的公共文化活动空间。积极引导竞赛观赏消费向综合性体育休闲消费转变。

推动奥运场馆的管理体制改革，鼓励与专业企业、俱乐部、行业协会等合作，创新奥运资产的运营机制，提高运营专业化水平。在奥运场馆的赛后利用过程中，采用最新的绿色环保技术，推动奥运场馆低碳绿色运营，将奥运场馆建设成为绿色旅游示范项目。

在奥运场馆硬件设施中融入更多中国特色文化元素，鼓励有条件的奥运场馆建设博物馆，融入文化展示、沉浸式体验、研学教育等功能，让奥运场馆成为中华文化对外交流的窗口型项目，成为展示我国体育事业发展成就的新名片。

二、建设国际冰雪体育旅游胜地

依托奥运品牌国际影响力，充分利用奥运场馆遗产，整合京津冀区域优势资源，突出资源环境和冰雪文化特色，加大冰雪旅游设施建设力度，大力发展后奥运经济，开发具有国际品质的冰雪体育旅游产品，将北京市建成具有世界影响力的冰雪体育旅游胜地。

发挥资源场馆优势和冰雪赛事带动作用，大力发展冰雪体育旅游。推出一批兼具民俗风情和冰雪文化特色的冰雪旅游主题精品线路，建设一批集滑雪、登山、徒步、自驾、非遗体验、冰雪文化展示等多种体育文化旅游活动为一体的高品质、复合型的冰雪旅游基地。

支持延庆区以海陀山奥运村为中心，整合松山、玉渡山、龙庆峡、阪泉体育公园等旅游资源和八达岭、石京龙、张山营大众滑雪场等冰雪资源，建成集健身休闲、竞赛表演、运动培训、文化体验等多元化度假产品于一体的国家级滑雪旅游度假地。

三、实现体育文化旅游融合发展

坚持以文塑旅、以旅彰文，加强体育、文化和旅游业态融合、产品融合、市场融合、服务融合，不断巩固优势叠加、互利共赢的良好局面，培育体育、文化和旅游融合发展新业态。

实施体育文化品牌培育项目，依托奥林匹克运动会、长城国家文化公园、百年京张铁路等特色文化品牌，探索推进文体旅品牌融合工程，用原创品牌讲好中国故事，打造具有丰富内涵的文体旅融合品牌，让体育旅游项目成为中华优秀传统文化创造性转化、创新性发展的新平台，通过体育旅游发展助力北京建设国家文化中心。

围绕北京奥林匹克公园、北京中轴线北段等重要节点，充分利用

"鸟巢""水立方""冰丝带""奥林匹克塔"等奥运标志性建筑，塑造"双奥之城"特色风貌，打造奥林匹克文化展示区域，建设集聚历史文化、休闲娱乐、创意设计、绿地公园等特色的整体城市文化景观，形成文化、艺术、商业复合集聚的旅游休闲空间，拓展市民游客共享城市美好生活的会客空间，建设国际奥运文化名城。

推动旅游演艺、文化遗产、主题酒店、特色节庆等文化产品与体育旅游融合发展，支持建设集体育运动、文化创意和旅游休闲于一体的文体旅综合体。鼓励在城市更新中盘活文化遗产资源，结合全民健身场地设施建设，打造以体育运动休闲为特色的国家级旅游休闲街区。

推动北京市的传统体育、游艺与杂技等非物质文化遗产活态传承，鼓励非遗保护利用与体育旅游项目建设相结合。推动非遗整体性、抢救性、传承性、生产性保护，引导和支持社会资本投资非遗生产性保护，建立非遗生产性保护孵化机制。

推进数字领域文体旅融合。顺应数字产业化和产业数字化发展趋势，深度应用5G、大数据、云计算、人工智能等技术，推动数字文化产业高质量发展，培育壮大线上演播、数字创意、数字艺术、数字娱乐、沉浸式体验等新型业态。

发展夜间体育经济。积极鼓励夜间体育旅游消费，推动夜间体育休闲与夜间文化旅游深度融合，建设"一站式"夜间生活目的地，形成符合发展方向、文化内涵丰富、地域特色突出、昼夜产品互补的夜间体育旅游产品体系。

四、推进体育项目区域联动发展

依托国家体育场、国家游泳中心、国家体育馆、国家速滑馆、国家雪车雪橇中心、国家高山滑雪中心、北京冰上项目训练基地、首钢滑雪大跳台、五棵松体育中心、首都体育馆等奥运场馆，带动周边区域建设，实现全域体育旅游发展。以重点体育旅游项目为核心，利用周边生态环境资源，配套建设房车露营地、休闲驿站、体育中心、体育公园等体育旅游设施，布局滑雪场、体育旅游小镇、体育旅游景区、体育旅游综合体等体育旅游项目，建设集运动、研学、度假、康养等于一体的高品质体育旅游度假地，打造体育旅游产业集聚区，形成全市"点状辐射、带状串联、网状协同"的体育旅游空间新格局。

以首钢园、华熙 LIVE·五棵松商业街区等为代表，鼓励体育旅游项目和旅游休闲街区建设相结合。充分利用城市历史文化街区、公共文化设施、特色商业与餐饮美食等资源，加强文物和非物质文化遗产保护利用，突出体育运动特色，优化交通与公共服务设施配置，完善公共文化设施的旅游服务功能，鼓励延长各类具有休闲功能的公共设施开放时间，创建国家级旅游休闲街区。

第二节 建设体育旅游目的地

一、串联精品体育旅游线路

依托京礼高速、京藏高速、京新高速等高速公路和京张高铁等高速交通基础设施，整合首钢国际文化体育创意旅游区、奥林匹克中心区、京张体育文化旅游带等三大区块，串联奥运场馆、滑雪场、体育旅游小镇、体育旅游景区和度假区、体育旅游综合体等重点体育旅游项目，实现重点项目之间互通互联，重点培育打造北京奥运体育旅游线路，作为北京市发展体育旅游的主体区域。

结合北京奥运体育旅游线路建设体育旅游绿道体系，建设多功能、多层次的绿道系统，串联生态空间、河湖水系、文化遗产等资源，构建层次鲜明、功能多样、文旅融合、顺畅便捷的体育旅游绿道网络，营造体育旅游者与自然景观、郊野环境、文化遗产的亲近空间。

结合北京奥运体育旅游线路，以长城、京张铁路等线性大遗址为主体，以万里长城、百年京张等文化为主线，有机关联、串珠成链，整合中国长城博物馆、大庄科明长城、延庆古城、永宁古城、柳沟古城等长城遗产资源，以及京张铁路清华园站、清河站、青龙桥站、康庄站等文化遗产资源，建设集中展示万里长城、京张铁路的文物主题游径、国家遗产线路。

二、培育体育休闲典范城市

（一）保障全民健身服务供给

构建覆盖城乡、便民惠民、不断完善、持续发展的更高水平全民健身公共服务体系，全民健身与全民健康深度融合。群众身边的健身场地设施有效供给大幅增加，户外运动公共服务设施逐步完善，全民健身产品和服务更加丰富。北京市民和旅游者参与体育健身活动更加便利，健身热情和科学健身能力进一步提高。全民健身场地设施充分融入老旧小区、社区公共服务中心、商业楼宇、公园绿地，打造城市慢跑路线，形成更有活力的城市街景。

推动奥运场馆和体育项目向公众开放，坚持竞技体育和群众体育一体推进，将传播奥运精神和健身知识、发展体育运动和旅游休闲结合起来，开展中国冰雪大会、冰雪嘉年华、欢乐冰雪季、冰雪运动会、中国户外运动节、旱地滑轮比赛等全民健身系列活动赛事。

（二）推进体育休闲融合发展

积极培育体育休闲消费热点，开发集体育运动、文化娱乐、研学教育、康养旅居等主题于一体的体育旅游新产品，推出更多研学、生态、文化、康养等专题体育旅游线路。丰富夜间经济消费业态，实现夜间体育、夜间旅游、夜间文化融合发展，打造夜间休闲消费集聚区。积极引导冰雪、山地、户外、水上、低空等体育运动项目布局，鼓励开发一批以徒步、登山、滑雪、骑行、攀岩、滑翔伞、露营等为代表的户外运动项目。积极培育定制消费、体验消费、线上消费等旅游消费新热点，支持建立动态促进体育旅游消费的长效机制。

积极推动奥运场馆和体育项目的服务提升，在体育赛事服务基础上盘活衍生服务，拓展群众健身、餐饮购物、文化娱乐、展览展示、研学教育等休闲功能，实现奥运场馆和体育项目从单一型功能向复合型功能转变，鼓励奥运场馆和体育项目整合周边休闲空间、业态和项目，创建旅游休闲街区、体育休闲综合体，形成北京市民和旅游者的一站式休闲目的地。

第三节　发展体育旅游产业经济

一、推进体育旅游产品融合

推动体育产业与旅游产业深度融合，推动体育产品与文化、研学、康养等旅游产品业态融合，不断培育新业态。推动群众体育与旅游深度融合，大力发展群众基础广泛、市场发育较好的户外体育旅游，重点利用好奥运会遗产发展冰雪体育旅游，加快培育体育旅游新产品、新业态。推动体育竞赛与旅游深度融合，支持举办冰雪、足球、篮球、排球、羽毛球、马拉松等大众广泛参与的体育赛事活动，争取打造国际一流水平的体育赛事，提升北京体育旅游的品牌影响力和整体形象。

推动"体育旅游＋大健康"发展，创新健康医疗和体育旅游融合新业态，着重发展疾病预防、健康医疗、疾病康复、长期照护、旅居度假等产业，积极拓展健身休闲运动，强化体医结合，挖掘中医养生，提升医药产业发展水平，制定体能监测恢复体系。

推动"体育旅游＋研学教育"发展。推进各级各类培训基地建设，加强青少年体育培训工作，完善体育向导、专业教练等后备人才培养，创新体教旅项目综合体建设，探索体育＋教育＋旅游发展模式。开展体育旅游向导培训、体育翻译培训、乡村体育旅游从业者培训，提升全市体育旅游产业服务质量和管理水平。

二、发展体育旅游装备制造业

鼓励发展体育旅游装备制造业。促进体育旅游产业与北京市新兴产业融合、优势传统产业融合、装备制造业融合。推动现有体育用品制造企业转型升级，融合轻工业带动体育产业发展，引进国内外领军体育装备制造企业，提升体育装备制造水平，构建体育旅游全产业链，助力北京体育旅游产业经济形成。

支持企业研发体育装备，提高航空航海模型、潜水装置等高端器材装备的制造水平。鼓励体育类企业积极参加高新技术企业认定，提高核心技术和产品的自主创新能力，打造一批具有自主知识产权的体育用品知名品牌，培育一批一流的体育类企业。

三、培育体育旅游服务业

鼓励发展体育旅游中介服务，加快培育体育旅游市场营销、文化传播、会计师事务所等中介企业，为北京体育竞赛活动提供策划、包装、推广与代理等服务。大力发展体育旅游金融服务，建立健全体育旅游投资退出机制，提供各类体育旅游保险服务。努力提高体育旅游科技服务水平，推动体育旅游与互联网、人工智能等深度融合，力争在体育竞赛活动直播、转播技术等领域达到世界先进水平。完善体育旅游配套服务，鼓励旅行社结合北京文化旅游资源和体育竞赛活动，设计北京体育旅游特色产品和精品路线。加快培养体育旅游导游、讲解员等体育旅游服务人员，建设具有北京特色的体育主题餐厅、购物店、露营基地。

四、扶持发展体育俱乐部

将对体育俱乐部发展的支持纳入北京体育旅游发展的整体战略中。加强与国际体育组织及高水平职业俱乐部合作，支持北京体育职业俱乐部建设与发展，鼓励职业俱乐部市场开发。

支持青少年体育俱乐部发展。鼓励社会多方力量参与，开展青少年体育俱乐部的创建工作，探索建立动态管理机制，推动北京青少年体育俱乐部快速健康特色化发展。加强青少年体育俱乐部创建、管理、运营、评价等方面工作的指导，规范标准，完善服务，提高俱乐部从业人员的专业化水平和承接政府购买服务的能力。发挥青少年体育俱乐部的作用，开展青少年体育技能培训与体育知识普及工程，建立一批高水平体育后备人才队伍。加强与中小学校的合作，积极配合中小学做好校内课后体育服务工作。

支持社区体育健身俱乐部发展。贯彻落实全民健身计划，开展社区体育健身俱乐部的创建工作，探索建立俱乐部的产品供给机制、服务评价机制与发展激励机制，推动北京社区体育健身俱乐部健康发展，提升北京体育公共服务的能力和水平。社区体育健身俱乐部应以自身品牌建设为抓手，积极开展群众性体育活动，组织群众性体育赛事，不断丰富大众体育的内容形式，努力提供多元化、个性化、科学化的体育公共服务。加强与重点体育旅游项目在产品开发、活动组织、赛事运营、品牌营销、场地管理等方面展开深度交流与合作，促进大众体育与大众旅游深度融合发展。

支持职业体育俱乐部发展，引进国际国内先进经验和经营管理模式，打造一批高水平、专业化的职业体育俱乐部。严格职业体育俱乐部准入标准和运行监管，加强项目协会和职业体育俱乐部的基础建设和规范建设，不断提高北京市职业体育水平。发挥职业体育俱乐部对休闲、旅游、文化等相关产业的带动作用，积极引导体育旅游消费，扩大体育旅游消费群体，丰富体育旅游产品供给，提升北京体育旅游消费水平。

第四节　提升体育旅游知名度

一、培育体育赛事之都

积极引进国际顶级体育运动赛事，以国际雪联单板及自由式滑雪大跳台世界杯、国际雪联自由式滑雪空中技巧世界杯、国际雪联自由式滑雪U形场地世界杯、国际雪联自由式滑雪雪上技巧世界杯、国际雪联单板滑雪平行项目世界杯、国际雪联单板滑雪U形场地世界杯等高水平、世界级体育赛事为引领，打造体育赛事聚集地。

提升体育赛事活动的举办和服务水平，推动奥运场馆和体育项目承接国内外各级各类竞技赛事，着力打造服务全国、辐射世界的体育赛事之都。支持开展单板滑雪、空中技巧等具有较强观赏性的精品冰雪竞演活动，积极引入电子竞技、竞赛展演、时尚运动等特色赛事展会，推动品牌赛事多元化发展。

二、建设体育会展高地

打造会展活动新高地。以奥运场馆和设施为依托，完善冬奥村服务配套设施，充分发挥体育旅游骨干企业的引领带动作用和重大功能性平台集聚作用，大力发展会展经济。将国际冬季运动（北京）博览会打造成为国际体育旅游交流合作的高端平台。通过体育文化旅游产业链整合、多元化聚合和创新资源优化等方式，推进会展经济带建设。

在国际冬季运动（北京）博览会、国际奥林匹克日等现有会展品牌优势基础上，进一步引进和培育国际化、专业化的体育会议、论坛，打造国际知名体育旅游会展目的地。积极举办体育旅游产业会展，推动体育旅游会展服务、贸易专业化，打造体育旅游会展服务贸易平台。探索创新会议场馆利用方式，提升会展场馆利用率。加强与旅游协会和旅游企业合作，鼓励开发秋季北京马拉松、冬季冰雪等具有北京体育元素的会奖旅游产品，增强会奖旅游产品的参与性、体验性，打造北京会奖旅游品牌。

三、加强国际交流合作

北京作为中国的国际交往中心，是中国对外开放的重要窗口，也是"一带一路"的重要枢纽。充分发挥北京的国际交流合作优势，促进体育旅游产业国际化。与联合国教科文组织、联合国世旅组织、世界旅游业理事会、国际奥委会、国际雪联等国际组织紧密合作，搭建国际化、跨领域的体育旅游交流合作平台。广泛邀请国外政要和经济界、文化界名人走进北京，深度体验体育旅游项目。加强海外社交平台宣传推广，推介北京体育旅游、体育休闲和体育文化。搭建国际体育旅游投资平台，吸引国际体育资本投资建设重点体育旅游项目。

参 考 文 献

［1］北京市人民政府．"十四五"时期健康北京建设规划［R］.北京：北京市人民政府，2021b.

［2］北京市人民政府．北京市国民经济和社会发展第十四个五年规划和二〇三五年远景目标纲要［R］.北京：北京市人民政府，2021a.

［3］北京市体育局，天津市体育局，河北省体育局．京津冀体育产业协同发展规划［R］.北京：北京市体育局，2017.

［4］北京市体育局．北京市全民健身实施计划（2021－2025 年）［R］.北京：北京市体育局，2022.

［5］北京市体育局．北京市体育设施专项规划（2018－2035 年）［R］.北京：北京市体育局，2020.

［6］北京市体育局，等．北京市全民健身场地设施建设补短板五年行动计划（2021－2025 年）［R］.北京：北京市体育局，2022.

［7］北京市文化和旅游局．北京市"十四五"时期文化和旅游发展规划［R］.北京：北京市文化和旅游局，2021.

［8］东京都政府．*TOKYO 2020 Legacy Report*［R］.Tokyo：Tokyo Metropolitan Government，2023.

［9］国家体育总局．"十四五"体育发展规划［R］.北京：国家体育总局，2021.

［10］国家体育总局，等．户外运动产业发展规划（2022－2025 年）［R］.北京：国家体育总局，2022.

［11］国家统计局．中华人民共和国 2023 年国民经济和社会发展统计公报［R］．北京：国家统计局，2024．

［12］国务院．"十四五"旅游业发展规划［R］．北京：国务院，2021a．

［13］国务院．全民健身计划（2021－2025 年）［R］．北京：国务院，2021b．

［14］国务院办公厅．关于促进全民健身和体育消费推动体育产业高质量发展的意见［R］．北京：国务院办公厅，2019b．

［15］国务院办公厅．关于加强全民健身场地设施建设发展群众体育的意见［R］．北京：国务院办公厅，2020．

［16］国务院办公厅．体育强国建设纲要［R］．北京：国务院办公厅，2019a．

［17］刘晓明．产业融合视域下我国体育旅游产业的发展研究［J］．经济地理，2014，34（5）：187－192．

［18］刘英．国内体育旅游研究 20 年回顾与展望——基于 CNKI 相关论文的统计分析［J］．经济地理，2012，32（5）：165－170．

［19］文化和旅游部，国家发展改革委，国家体育总局．京张体育文化旅游带建设规划［R］．北京：文化和旅游部，2022．

［20］杨强．中国体育旅游研究 20 年：述评与展望［J］．中国体育科技，2011，47（5）：90－100．

［21］赵志荣．体育旅游认识上的"杂"、"乱"、"泛"现象及其原因分析［J］．体育学刊，2011，18（4）：60－62．

［22］中共中央办公厅，国务院办公厅．关于构建更高水平的全民健身公共服务体系的意见［R］．北京：中共中央办公厅，2022．

［23］中国旅游研究院．中国国内旅游发展年度报告 2022［R］．北京：旅游教育出版社，2022．

［24］中国旅游研究院．中国休闲发展年度报告 2017－2018［R］．

北京：旅游教育出版社，2018.

[25] 朱红香. 体育旅游的界定及归属问题 [J]. 体育学刊，2008，15 (8)：32 - 34.

[26] ASOIF. *Common Indicators for Measuring the Impact of Events* [M]. Lausanne：Association of Summer Olympic International Federations，2021.

[27] ASOIF. *Future of Global Sport* [M]. Lausanne：Association of Summer Olympic International Federations，2019.

[28] CSM. *The Future of Winter Sports - A Delphi Study* [R]. Düsseldorf：WHU - Otto Beisheim School of Management，2021.

[29] Deloitte. 2024 *Sports Industry Outlook* [M]. London：Deloitte，2024.

[30] Deloitte. *The Future of Sport：Forces of change that will shape the sports industry by* 2030 [M]. London：Deloitte，2023.

[31] Gammon, Sean, Tom Robinson. Sport and Tourism：A Conceptual Framework [J]. *Journal of Sport & Tourism*，2003，8 (1)：21 - 26.

[32] Gibson, Heather J. Sport Tourism：A Critical Analysis of Research [J]. *Sport Management Review*，1998，1 (1)：45 - 76.

[33] Hall, C. M. Adventure, sport and health tourism [A]. in Weiler B. , C. M. Hall. *Special Interest Tourism* [C]. London：Belhaven Press. 1992.

[34] Higham, James. eds. *Sport Tourism Destinations：Issues, Opportunities and Analysis* [C]. Oxford：Butterworth - Heinemann，2005.

[35] Hinch, Tom, James Higham, et al. *Taking Stock of Sport Tourism Research* [A]. in Alan A. Lew, C. Michael Hall, and Allan M. Williams. eds. *The Wiley Blackwell Companion to Tourism* [C]. Chichester：John Wiley & Sons，2014：413 - 424.

[36] Hinch, Tom, James Higham. Sport Tourism: A Framework for Research [A]. in Mike Weed. eds. *Sport & Tourism: A Reader* [C]. Oxon: Routledge, 2008.

[37] House of Lords. *Keeping the flame alive: the Olympic and Paralympic Legacy* [R]. London: House of Lords, 2013.

[38] Hudson, Simon. *Sport and Adventure Tourism* [M]. New York: Routledge, 2002.

[39] IBIS World. *Gym, Health & Fitness Clubs in China* [R]. Beijing: IBIS World, 2016a.

[40] IBIS World. *Gym, Health & Fitness Clubs in the US* [R]. Los Angeles: IBIS World, 2016b.

[41] International Olympic Committee. *London 2012 Venues* [R]. Lausanne: International Olympic Committee, 2019.

[42] International Olympic Committee. *Olympic Summer Games Villages from Paris 1924 to Tokyo 2020* [R]. Lausanne: IOC, 2022.

[43] International Olympic Committee. *The Olympic Stadiums of the Summer Games from Athens 1896 to Tokyo 2020* [R]. Lausanne: IOC, 2019.

[44] Kurtzman, Joseph. Sports tourism categories revisited [J]. *Journal of Sport & Tourism*, 1995, 2 (3): 6 – 11.

[45] London Sport. *London 2012 Games Legacy Report* [R]. London: London Sport, 2023.

[46] Mayor of London. *Inspired by 2012: The legacy from the Olympic and Paralympic Games* [R]. London: Cabinet Office, 2016.

[47] McIntosh, R. W., C. R. Goeldner. *Tourism Principles, Practices, Philosophies* [M]. Columbus, Ohio: Grid Publishing, 1986.

[48] McKinsey. *Sporting Goods 2024: Time to move* [M]. Zurich:

McKinsey & Company, 2024.

[49] Nogawa, Haruo, Yasuo Yamaguchi, Yumiko Hagi. An Empirical Research Study on Japanese Sport Tourism in Sport-for – All Events: Case Studies of a Single – Night Event and a Multiple – Night Event [J]. *Journal of Travel Research*, 1996, 35 (2): 46 –54.

[50] OECD. *Hours Worked Indicator* [DB]. Paris: OECD, 2024.

[51] OECD. *How to measure the impact of culture, sports and business events: A Guide Part I* [R]. Paris: OECD, 2023.

[52] OECD. *Local Development Benefits from Staging Global Events: Achieving the Local Development Legacy from 2012 – A Peer Review of the Olympic and Paralympic Legacy for East London* [R]. Paris: OECD, 2010.

[53] OECD. *OECD Employment Outlook* 2016 [R]. Paris: OECD, 2016.

[54] OECD. *Society at a Glance* 2009 [R]. Paris: OECD, 2009.

[55] PwC. *PwC's Global Sports Survey (7th edition)* [M]. London: PwC, 2023.

[56] Redmond, G. 1991. Changing styles of sports tourism industry/consumer interactions in Canada, the USA and Europe [A]. in Sinclair M. T. , M. J. Stabler. eds. *The Tourism Industry: An International Analysis* [C]. Wallingford: CAB International. 1991.

[57] Rio 2016. *Post – Games Sustainability Report Rio* 2016 [R]. Rio de Janeiro: Rio 2016 Organising Committee for the Olympic and Paralympic Games, 2018.

[58] Ruskin, H. Selected view on socio-economic aspects of outdoor recreation, outdoor education and sport tourism [A] . in M. Garmise. eds. *Proceedings of the International Seminar and Workshop on Outdoor Education, Recreation and Sport Tourism* [C]. Natanya, Israel: Emmanuel Gill

Publishing, 1987.

[59] Smith, Andrew. Urban Regeneration. in John R. Gold and Margaret M. Gold. eds. *Olympic Cities: City Agendas, Planning and the World's Games*, 1896 – 2020 [M]. Third Edition. London: Routledge, 2017.

[60] Standeven, J. , P. De Knop. *Sport Tourism* [M]. Champaign: Human Kinetics. 1999.

[61] Stewart, Bob, Aaron Smith. Australian sport in a postmodern age [J]. *International Journal of the History of Sport*, 2000, 17 (2 – 3): 278 – 304.

[62] UNWTO. *Andorra Declaration on Snow – and Winter – Sports Tourism* [M]. Madrid: UNWTO, 1998.

[63] UNWTO. *Maximizing the Benefits of Mega Events for Tourism Development* [M]. Madrid: UNWTO, 2017.

[64] UNWTO. *Sport and Tourism: Introductory Report* [M]. Madrid: UNWTO, 2002.

[65] UNWTO. *Sport Tourism and the Sustainable Development Goals (SDGs)* [M]. Madrid: UNWTO, 2019.

[66] Van Dalen, D. B. , B. Bennett. *A World History of Physical Education* [M]. Englewood Cliffs, NJ: Prentice Hall, 1971.

[67] Weed, M. , C. J. Bull. Influences on sport-tourism relations in Britain: the effects of government policy [J]. *Tourism Recreation Research*, 1997, 22 (2): 5 – 12.

[68] Weed, Mike, Chris Bull. *Sports Tourism: Participants, Policy and Providers* [M] . Second Edition. Oxford: Butterworth – Heinemann, 2009.

[69] Weed, Mike. Olympic Tourism. in John R. Gold and Margaret M. Gold. eds. *Olympic Cities: City Agendas, Planning and the World's*

Games, 1896 – 2020 [M]. Third Edition. London: Routledge, 2017.

[70] Weed, Mike. Progress in Sports Tourism Research? A Meta – Review and Exploration of Futures [J]. *Tourism Management*, 2009, 30 (5): 615 – 628.

[71] Zhou, Yong, John Ap. Residents' Perceptions Towards the Impacts of the Beijing 2008 Olympic Games [J]. *Journal of Travel Research*, 2009, 48 (1): 78 – 91.

附件 1 北京市冬季体育旅游者调查问卷

调研编号：_____   调研人：_____

调研时间：_____早/中/晚   调研地点：_____   门票价格：_____

您好！我们正在进行一项有关北京市冰雪体育旅游的调研，需要占用您大约 5 分钟的时间，希望能得到您的帮助与支持。问卷调查采取匿名形式，感谢您对我们科研工作的理解和支持！

1. 您的出发地是哪里？_____

2. 这个地方距离您出发地大约有多远？［单选题］

①1 公里以内　②1～2 公里　③2～5 公里　④5～10 公里　⑤10～20 公里　⑥20～40 公里　⑦40～60 公里　⑧60～80 公里　⑨80～100 公里　⑩100 公里以上

3. 您的出游方式是？

①步行　②自行车　③公共交通　④私家车　⑤大巴车　⑥出租车

4. 您出游时在交通上会占用多长时间？

①半小时以内　②半小时到一小时　③一小时到两小时　④两小时到三小时　⑤三小时以上

5. 您每次在这大概玩儿多久？

①不超过 1 小时　②1～2 小时　③2～3 小时　④3～5 小时　⑤5 小时以上　⑥过夜

6. 您都享受了哪些服务？花销分别是多少？［多选题］

服务类型	享受服务（请打√）	人均花销（元）
1. 文化娱乐活动	1.1 滑雪	
	1.2 滑雪设备租赁	
	1.3 教练服务	
	1.4 其他雪上项目（雪地挖掘机、雪上飞碟、雪橇乐园、雪地悠波球等）	
	1.5 滑冰	
	1.6 滑冰设备租赁	
	1.7 其他冰上项目（冰滑梯、冰上自行车等）	
	（套票请注明）	
2. 消费购物	购物	
3. 观光游览	逛公园	
4. 其他	请注明_____	

7. 您是和_____一起来的？

①家人/亲戚　②朋友　③同学　④同事/公司组织　⑤商业伙伴
⑥有相同兴趣爱好的人　⑦自己

8. 您参与类似冰雪体育活动的频率是？

①一周_____次　②一月_____次　③一年_____次

9. 促使您出游的原因，按重要性进行标序（不限个数）。

一级指标	二级指标	序号
休闲动机	缓解压力	
	休闲放松	
	享受自由	
	娱乐消遣	

一级指标	二级指标	序号
健康动机	锻炼身心	
	感受滑雪	
新奇动机	体验新奇	
	增长知识	
	提高技能	
观光动机	观光体验	
	单位出游	
声望动机	丰富阅历	
	慕名而来	
	自我炫耀	
情感动机	社会交往	
	陪伴家人	
	增进感情	

【个人基本情况】（单选，请在选项上打√）

10. 您的性别：

①男　②女

11. 您的年龄：

①18 岁以下　②19～25 岁　③26～35 岁　④36～45 岁　⑤46～50 岁　⑥51～55 岁　⑦56～60 岁　⑧61 岁以上

12. 您的婚姻状况：

①未婚　②已婚　③离婚　④丧偶

13. 您的文化程度：

①未上过学　②小学　③初中　④高中　⑤中专/大专　⑥本科 ⑦硕士　⑧博士及以上

14. 您从事的工作：

a. 党的机关、国家机关、群团和社会组织、企事业单位负责人

b. 专业技术人员

c. 办事人员和有关人员

d. 社会生产服务和生活服务人员

e. 农、林、牧、副、渔业生产及辅助人员

f. 生产制造及有关人员

g. 军人

h. 离退休人员

i. 自由职业者

j. 无业

k. 学生

l. 不便分类的其他从业人员 ＿＿＿＿＿＿＿＿

15. 您个人的税后月收入情况：

①5000 元及以下　②5001～10000 元　③10001～15000 元
④15001～20000 元　⑤20001～25000 元　⑥25001～30000 元　⑦30001
元及以上　⑧无

附件2 北京市滑雪滑冰场所汇总

分类	名称	城区	地址	产品业态					
				住宿	餐饮	购物	文娱	体育	旅游
滑雪场	乔波室内滑雪场	顺义区	顺安路6号		√			√	
	尚谷乐园		昌金路陈马路口向北200米		√		√	√	
	鲜花港七色光戏雪乐园		鲜花港南停车场		√		√	√	
	莲花山滑雪场		张镇良山东路288号		√		√	√	√
	司凯泰思室内动感3D滑雪场	大兴区	安泰大街9号中粮祥云小镇9号楼四层		√				
	雪乐山室内滑雪馆（道境店）		生物医药基地永大路32号道镜运动中心		√			√	
	雪乐山室内滑雪馆（西红门店）		鸿坤体育公园鸿坤广场B座对面		√			√	
	亦庄奥普乐嬉雪乐园		经济技术开发区文化园西路		√		√	√	
	航天之光冰雪乐园		庞各庄梨花庄园		√			√	
	红星集体农庄冰雪世界		大生庄黄亦路饮鹿池桥西北侧		√			√	
	雪都滑雪场		榆垡镇西麻各庄村北		√			√	
	雪乐山室内滑雪馆（崇文门店）	东城区	崇文门外大街18号国瑞城购物中心		√	√		√	
	雪梦都室内滑雪（石景山万达店）	石景山	石景山路乙18号万达广场2层		√	√		√	
	腾越滑雪体验馆		门头沟双峪路南爱玛裕裕厅南001号		√			√	
	雪梦都室内滑雪（五棵松店）	海淀区	复兴路69号3号购物中心南区4F		√			√	
	阿比特室内滑雪俱乐部		高碑店半壁店1号文化产业园A703		√			√	
	首尚室内滑雪		复兴路69号		√			√	

续表

分类	名称	城区	地址	产品业态					
				住宿	餐饮	购物	文娱	体育	旅游
滑雪场	奥森尖峰旱雪四季滑雪场	朝阳区	科荟路奥林匹克森林公园		√			√	
	雪乐山室内滑雪馆（惠新西街店）		惠新西街小关北里217号		√		√	√	
	亚布洛尼滑雪场		农展南路1号朝阳公园万人广场		√		√	√	
	军都山滑雪馆咖啡馆	昌平区	崔村镇真顺村588号		√			√	
	温都水城滑雪场		北七家镇宏福创业园平西府街55号		√			√	
	西游记冰雪世界		北七家镇东沙各庄村西366号		√		√	√	
	雪世界滑雪场		昌平区十三陵镇小宫门		√			√	
	雪乐山室内滑雪场（回龙观店）		回龙观东大街338号腾讯众创空间		√			√	
	北京欢乐水魔方冰雪狂欢节	丰台区	丰台区小屯路11号		√		√	√	
	万龙八易滑雪场		长兴店射击场路甲12号八一射击		√			√	
	南宫冰雪戏雪滑雪嘉年华		南宫世界地热博览园		√		√	√	√
	怀北国际滑雪场酒店	怀柔区	怀北镇河防口村548号	√	√			√	√
	北京鹿世界冰雪嘉年华		杨宋镇安乐庄村北辰路9号		√			√	
	玫瑰庄园冰雪嘉年华	房山区	福港老年公寓向南300米		√			√	
	渔阳国际滑雪场度假村	平谷区	东高村镇大旺务村东	√	√		√	√	√
	南山南滑雪场	密云区	密云区河南寨镇圣水头村	√	√			√	
	云佛山滑雪场		溪翁庄镇云佛山度假村内	√	√			√	√
	石京龙滑雪场	延庆区	张山营镇中羊坊	√	√			√	
	龙凤山滑雪场	门头沟区	永定镇万佛堂村	√	√			√	

分类	名称	城区	地址	产品业态					
				住宿	餐饮	购物	文娱	体育	旅游
滑冰场	LECOOLICELINK（国贸商城店）	朝阳区	建国门外大街 1 号国贸商城中心 B2 层 NB211		√	√		√	
	冠军溜冰场（朝阳大悦城店）		朝阳北路 101 号朝阳大悦成城 7 层(青年路口)		√	√		√	
	陈露国际冰上中心		西大望路 27 号北京化工机械厂内		√			√	
	水立方冰场		北京市朝阳区天辰东路 11 号		√			√	
	高碑店兴隆冰场		北京市朝阳区兴隆公园北门		√			√	
	全明星滑冰俱乐部		公园路 6 号蓝色港湾国际商区 1 楼		√			√	
	小狼国际滑冰俱乐部		平房村 48 号（北京拔萃双语学校）		√		√	√	
	全明星滑冰俱乐部（长楹街购物中心）		朝阳北路常营地铁站 F 出口右侧长楹天街购物中心东区 4 楼		√	√	√	√	
	庞清佟健冰上中心		金盏乡东苇路蟹岛度假村国际会议中心 8 号馆内		√			√	
	蟹岛游乐园八号馆		北京市朝阳区蟹岛路 1 号		√		√	√	
	北京市朝阳公园		北京市朝阳公园		√		√	√	√
	欧越冰场		望京开发街道望京国际商业中心朝廷广场		√		√	√	
	放羊公社梦幻冰场		北京市朝阳区鸟巢南广场放羊公社		√			√	
	首体滑冰场（已不对非会员开放）	海淀区	中关村南大街 56 号					√	
	冠军溜冰场（世纪金源购物中心店）		远大路 1 号世纪金源街购物中心 B1 楼		√	√		√	
	世纪坛冰场		复兴路甲九号中华世纪坛纪念广场		√		√	√	
	华熙五棵松冰场		北京市海淀区五棵松体育场		√			√	

续表

分类	名称	城区	地址	产品业态					
				住宿	餐饮	购物	文娱	体育	旅游
滑冰场	宏奥冰上运动发展中心	海淀区	蓝靛厂南路宝联体育公园南侧		√			√	
	万域芳菲冰上中心		天秀路9-5号		√		√	√	
	cosplay成人零基础冰球体验		蓝靛厂南路宏奥冰上运动发展中心		√			√	
	北京市马连道冰场		北京市海淀区马连道		√			√	
	北京市航天城学校冰场		北京市海淀区上地		√			√	
	紫竹院公园冰场（户外）		北京市海淀区白石桥路45号		√			√	
	北京金隅冰场		北京海淀区航天桥东北角		√		√	√	
	颐和园冰场（户外）		颐和园西湖		√			√	√
	北大未名湖冰场（户外）		颐和园路5号北大未名湖内		√			√	√
	浩泰溜冰场（崇文门店）	东城区	崇文门外大街3-5号新世界百货青春馆B1层		√	√		√	
	冠军溜冰场（崇文门店）		崇文门外大街3-5号新世界百货青春馆B1层		√	√	√	√	
	西单喜悦滑冰场	西城区	北京市西城区西单北大街180号西单文化广场		√		√	√	
	什刹海滑冰场（户外）		后海北沿50号		√		√	√	
	亦庄世纪星	大兴区	北京市大兴亦庄	√	√			√	
	浩克冰场		北京市大兴区黄村火神庙国际行业中心F6层		√			√	
	喜悦滑冰场		生物医药基地龙湖时代天街购物中心3楼		√	√		√	
	浩泰冰上中心（龙德广场店）	昌平区	立汤路186号龙德广场4层405		√	√		√	
	华星青少年冰上运动中心（沙河馆）		032县道北京新华电脑学校旁		√			√	

分类	名称	城区	地址	产品业态					
				住宿	餐饮	购物	文娱	体育	旅游
滑冰场	汇佳学校冰场	昌平区	北京市昌平区科技园区		√			√	
	炫动时代溜冰场		定福皇庄桥东 300 米路北		√			√	
	金百荣溜冰城	通州区	梨园农副产品交易中心三层		√			√	
	顺义公园冰场（户外）	顺义区	光明南大街顺义公园内		√			√	
	顺义新城建体育馆		北京顺义		√		√	√	
	铠甲胸滑冰俱乐部		顺平东路与 300 县道交叉口东北 50 米（顺义公园南门北 5 米）		√			√	
	世纪星滑冰场	房山区	长阳镇长阳路中粮万科长阳半岛广场 3 层（房山长阳地铁站西 200 米）		√			√	
	西悦滑冰场	门头沟区	京西部落村	√	√			√	
	南四环公益西桥冰场	丰台区	北京市丰台区南四环公益西桥		√			√	
	北京市冰上训练基地	延庆区	北京延庆区中心区域		√			√	